edition suhrk

Redaktion: Günther Bu

Peter Handke wurde 1942 in Griffen (Kärnten) geb[...]
Werk im Suhrkamp Verlag ist auf S. 154 dieses Band[...]
zeichnet.

Die Texte dieses Bandes haben in der Regel gemeinsam, daß s[...]
ein grammatisches Modell benutzen und dieses mit Sätzen, die
nach dem Modell formuliert sind, verwirklichen. Die Sätze sind
jeweils Beispiele, *Satzspiele*. Weil jeder Satz ein Beispiel für
das Modell ist, ergibt sich jeder Text in der Regel als eine An-
ordnung von syntaktisch ähnlichen Sätzen, die zwar, einzeln
genommen, Beschreibungen sind, durch die *Reihung* jedoch das
Modell erkenntlich machen und auf diese Weise sowohl *be-
schreiben* als auch die Beschreibung als Beispiel einer vorge-
faßten sprachlichen Struktur, als *Satz* zeigen: jeder Satz hat
eine Geschichte: Ergebnis ist, daß die satzweise Beschreibung
der Außenwelt sich zugleich als Beschreibung der Innenwelt,
des Bewußtseins des Autors erweist, und umgekehrt und wieder umgekehrt.

Peter Handke
Die Innenwelt der Außenwelt
der Innenwelt

Suhrkamp Verlag

Geschrieben 1965 (»Das Wort Zeit«) – 1968 (»Der trauernd Hinterbliebene auf dem Hügel«)

edition suhrkamp 307
Erste Auflage 1969
© Suhrkamp Verlag, Frankfurt am Main 1969. Erstausgabe. Printed in Germany. Alle Rechte vorbehalten, insbesondere das der Übersetzung, des öffentlichen Vortrags und der Rundfunksendung, auch einzelner Teile. Satz, in Linotype Garamond, Druck und Bindung bei Nomos Verlagsgesellschaft, Baden-Baden. Gesamtausstattung Willy Fleckhaus.

14 15 16 17 18 – 97

»– und in dieser zitternden Minute knisterte der Monatszeiger meiner Uhr . . .«

». . . da allemal deine äußere und deine innere Welt sich wie zwei Muschelschalen aneinanderlöten und dich als ihr Schaltier einfassen . . .«

»Keine Antwort, überall Stille im Gasthof – das ganze Zimmer voll Mondschein – . . .«

Jean Paul

oren. Sein
des ver-

ie

Die neuen Erfahrungen

1966 /
in Bayreuth /
vor einer Aufführung der Oper »Tristan und Isolde« /
steckte ich /
auf einem Parkplatz /
zum ersten Mal /
eine Münze /
in einen Parkautomaten /:
das war eine neue Erfahrung für mich /
und weil man stolz ist /
auf neue Erfahrungen /
war ich stolz /
auf die neue Erfahrung;

Ich fragte mich:

»Wann habe ich zum ersten Mal eine Tür mit eigenen
                            Händen geschlossen? /
Und wo habe ich zum ersten Mal in einem Stück
                    Brot eine Ameise mitgegessen? /
Und unter welchen Umständen habe ich Wasser
                    zum ersten Mal dampfen sehen? /
Und wo habe ich zum ersten Mal unter einem
            Zellophansack keine Luft mehr gekriegt? /
Und wann habe ich zum ersten Mal einen Brief
                    EXPRESS aufgegeben?«

Einmal /
in welchem Jahr? /
erwachte ich /
zum ersten Mal in einem fremden Raum /
und bemerkte zum ersten Mal /
daß ich in einem Raum war.

Einmal /
an welchem Ort? /
rief mich jemand /
– »Schnell! Schnell!« /
zu sich /
über einen Weg /
und als ich zurückrief /
– »Ja! Ja!« /
und dann lief /
und dann ankam /
bemerkte ich zum ersten Mal /
daß ich /
früher als ich ankam /
gelaufen war.

1948 /
an der bayrisch-österreichischen Grenze /
im Ort Bayrisch-Gmain /
»in einem Haus mit welcher Nummer?« /
sah ich /
auf einem Bettgestell /
unter einem Leintuch /
hinter Blumen /
zum ersten Mal /

einen Menschen /
der tot war.

In Österreich /
später /
»Wann?« /
Ich weiß nicht /
»Unter welchen Umständen?« /
Als ich einmal aufschaute /
und die Mutter erblickte /
die in einiger Entfernung /
»In welcher Entfernung?« /
In Entfernung von mir /
am Tisch stand /
und bügelte /
überkam mich /
weil ich sie dort /
ERBLICKTE /
zum ersten Mal /
SCHAM /
so daß der Abstand /
zum Tisch /
ein Schamabstand wurde.

1952 /
im Sommer /
als ich /
(vom Leichenschmaus zum Andenken an die gerade
beerdigte Großmutter nach Hause geschickt, um einem
Trauergast die vergessenen Zigaretten zu holen) /
den leeren /

9

stillen /
Raum /
betrat /
in dem die Tote /
drei Tage lang /
aufgebahrt war /
und /
in dem stillen /
leeren /
Raum /
nichts erblickte /
als eine kleine schmutzige Lache /
aus einer Vase /
auf dem Fußboden /
hatte ich /
zum ersten Mal /
im Leben /
Angst /
vor dem Tod /
und nur weil man sagte /
daß es einem in der Todesangst /
kalt über den Rücken rinnt /
konnte ich mich /
indem ich mir /
zum Schutz /
die Worte die man sagte vorhielt /
der Todesangst /
noch einmal /
erwehren.

Später /
sah ich /
(nachdem ich immer von *gefährlichen* Irren gehört
                                             hatte) /

zum ersten Mal /
einen *un*gefährlichen Irren /:
verschüttete ich zum ersten Mal /
COCA COLA /
in den Schnee /
an der Großglockner-Hochalpenstraße /:
sah ich zum ersten Mal /
in einem Film /
auf den Befehl: HÄNDE HOCH! /
einen Einarmigen /
die Hand /
heben /:
sah ich /
zum ersten Mal /
eine Schaufensterpuppe /
mit Brillengläsern /:
hatte ich /
(als ich mich aussprechen sollte) /
zum ersten Mal /
keinem mehr etwas zu sagen.

Jetzt frage ich mich:

Wann werde ich zum ersten Mal von jemandem
hören, der einen Regenschirm mit in den Tod nehmen
konnte?

Heute /
(obwohl es heißen könnte: »Ich sehe es *wie* zum
ersten Mal«) /
sehe ich /
nicht zum ersten Mal /
ein Bild /
auf dem ein Vertreter der Obrigkeit /
einem durch die Obrigkeit Vertretenen /
nachsetzt /
und *nicht* zum ersten Mal /
lese ich davon /
daß jemand so lange geprügelt wurde /
bis er bereit war /
auszusagen /
daß er nicht geprügelt worden war /
aber /
wirklich zum ersten Mal /
sehe ich heute /
in der Straße in der ich wohne /
vor dem HOTEL ROYAL /
auf dem Gehsteig /
einen großen Fußabstreifer liegen /
und sah vor einigen Tagen /
zum ersten Mal /
das Innere einer Rolltreppe /
und sah /
zum ersten Mal /
einen gerade geangelten Fisch /
in der Faust /
eines Königs /
und sah /

zum ersten Mal /
ZUM ERSTEN MAL /
den Kaffee /
aus der Tasse /
jäh überschwappen /
auf das weiße Tischtuch /
im TRANSEUROPAEXPRESS.

2

Das Wort Zeit

Die Zeit ist ein Hauptwort. Das Hauptwort bildet keine Zeit. Da die Zeit ein Hauptwort ist, bildet die Zeit keine Zeit.

Wie das Hauptwort keine Zeit bildet, bildet das Hauptwort keine Leideform. Die Zeit ist ein Hauptwort. Da die Zeit ein Hauptwort ist, bildet die Zeit keine Leideform.
Die Leideform ist ein Hauptwort. Das Hauptwort bildet keine Leideform. Da die Leideform ein Hauptwort ist, bildet die Leideform keine Leideform. Aus demselben Grund bildet die Leideform keine Zeit.

Wie das Hauptwort weder Zeit noch Leideform bildet, bildet das Hauptwort keine Möglichkeitsform. Die Zeit ist ein Hauptwort. Da die Zeit ein Hauptwort ist, bildet die Zeit keine Möglichkeitsform.
Die Möglichkeitsform ist ein Hauptwort. Das Hauptwort bildet keine Möglichkeitsform. Da die Möglichkeitsform ein Hauptwort ist, bildet die Möglichkeitsform keine Möglichkeitsform. Aus demselben Grund bildet die Möglichkeitsform keine Zeit.
Das Hauptwort bildet keine Leideform. Die Möglichkeitsform ist ein Hauptwort. Da die Möglichkeitsform ein Hauptwort ist, bildet die Möglich-

keitsform keine Leideform. Aus demselben Grund bildet die Leideform keine Möglichkeitsform.

Wie das Hauptwort weder Zeit noch Leideform noch Möglichkeitsform bildet, bildet das Hauptwort keine Person. Die Zeit ist ein Hauptwort. Da die Zeit ein Hauptwort ist, bildet die Zeit keine Person.
Die Person ist ein Hauptwort. Das Hauptwort bildet keine Person. Da die Person ein Hauptwort ist, bildet die Person keine Person. Aus demselben Grund bildet die Person keine Zeit.
Das Hauptwort bildet keine Leideform. Die Person ist ein Hauptwort. Da die Person ein Hauptwort ist, bildet die Person keine Leideform. Aus demselben Grund bildet die Leideform keine Person.
Das Hauptwort bildet keine Möglichkeitsform. Die Person ist ein Hauptwort. Da die Person ein Hauptwort ist, bildet die Person keine Möglichkeitsform. Aus demselben Grund bildet die Möglichkeitsform keine Person.

Im Gegensatz zum Hauptwort bildet das Zeitwort Leideform, Möglichkeitsform, Person und Zeit. Das Zeitwort aber ist ein Hauptwort. Das Hauptwort aber bildet im Gegensatz zum Zeitwort weder Leideform noch Möglichkeitsform noch Person noch Zeit. Also auch das Zeitwort bildet keine Zeit.

3

Zugauskunft

»Ich möchte nach Stock.«

Sie fahren mit dem Fernschnellzug um 6 Uhr 2.
Der Zug ist in Alst um 8 Uhr 51.
Sie steigen um in den Schnellzug nach Teist.
Der Zug fährt von Alst ab um 9 Uhr 17.
Sie fahren nicht bis nach Teist, sondern steigen aus in Benz.
Der Zug ist in Benz um 10 Uhr 33.
Sie steigen in Benz um in den Schnellzug nach Eifa mit dem Kurswagen nach Wössen.
Der Schnellzug nach Eifa fährt ab um 10 Uhr 38.
Der Kurswagen wird in Aprath abgehängt und an den Schnellzug Uchte–Alsenz gekoppelt.
Der Zug fährt in Aprath ab um 12 Uhr 12.
Ab Emmen fährt der Zug als Eilzug.
Sie fahren nicht bis nach Wössen, sondern steigen um in Bleckmar.
Der Zug ist in Bleckmar um 13 Uhr 14.
In Bleckmar können Sie sich umsehen bis 15 Uhr 23.
Um 15 Uhr 23 fährt von Bleckmar ein Eilzug ab nach Schee.
(Dieser Zug verkehrt nicht am 24. und 25. 12. und führt nur sonntags 1. Klasse.)
Sie kommen in Schee-Süd an um 16 Uhr 59.

Die Fähre nach Schee-Nord geht ab um 17 Uhr 5.
(Bei Sturm, Nebel und unvorhergesehenen Ereignis-
sen kann der Fährverkehr ausfallen.)
Sie sind in Schee-Nord um 17 Uhr 20.
Um 17 Uhr 24 fährt vom Bahnhof Schee-Nord der
Personenzug ab nach Sandplacken.
(Dieser Zug führt nur 2. Klasse und verkehrt nur an
Werktagen und verkaufsoffenen Samstagen.)
Sie steigen aus in Murnau.
Der Zug ist in Murnau ungefähr um 19 Uhr 30.
Vom gleichen Bahnsteig fährt um 21 Uhr 12 ein Per-
sonen- und Güterzug weiter nach Hützel.
(In Murnau gibt es einen Warteraum.)
Sie sind in Hützel um 22 Uhr 33. *(Diese Zeiten sind*
ohne Gewähr.)
Da der Personenverkehr von Hützel nach Krün ein-
gestellt ist, nehmen Sie den am Bahnhofsvorplatz
wartenden Bahnbus *(ohne Gewähr).*
Sie steigen aus in Vach gegen 1 Uhr.
Der erste Straßenbus von Vach geht ab um 6 Uhr 15.
(In Vach gibt es keinen Mietwagen.)
Sie sind in Eisal um 8 Uhr 9.
Der Bus um 8 Uhr 10 von Eisal nach Weiden ver-
kehrt nicht in den Schulferien.
Sie sind in Weiden um 8 Uhr 50.
Um 13 Uhr geht der Bus eines Privatunternehmens
von Weiden über Möllen-Forst-Ohle nach Schray.
(Nach Schray und Ohle fährt der Bus weiter nur nach
Bedarf.)
Sie sind in Schray um 14 Uhr 50.
Zwischen Schray und Trompet verkehrt um diese

Zeit ein Milchwagen, der bei Bedarf auch Personen befördert.

In Trompet können Sie gegen 16 Uhr sein.

Zwischen Trompet und Stock gibt es keine Kraftverkehrslinie.

Zu Fuß können Sie gegen 17 Uhr 30 in Stock sein.

»Im Winter ist es dann schon wieder dunkel?«

»Im Winter ist es dann schon wieder dunkel.«

4

Ratschläge für einen Amoklauf

Zuerst durch ein Maisfeld rennen.
Dann in der leeren Konzerthalle durch die
                                    Stuhlreihen laufen.

Dann nach dem Ende des Länderspiels sich durch den
Haupteingang zurück ins Stadion drängen.

Bist du fähig, wenn du auf die Straße trittst, nur
noch *geistesgegenwärtig* zu sein?
Bist du fähig, wenn du auf die Straße getreten bist,
dich nur noch zu *betätigen?*
Bist du fähig, wenn der Entschluß gefaßt ist, keinen
andern Entschluß mehr zu fassen?
Bist du fähig, nicht mehr Einzelheiten zu unterscheiden, sondern *Bewegungen*, nicht mehr Waagrechtes,
sondern *Aufrechtes,* nicht mehr Menschliches, sondern
Weiches?
Bist du fähig zu *allem?*

Wo versammeln sich Leute? – Leute versammeln sich,
wo sich schon Leute versammeln.
Wo versammeln sich Leute? – Vor ausgehängten
Zeitungen.
Wo versammeln sich Leute? – Vor Verkehrsampeln.
Wo noch versammeln sich Leute? – Vor Geldschaltern.

Wo noch? – Vor Schaufenstern in Arbeit.
Wo noch? –
Vor zwei raufenden Hunden.
Vor Fleckputzmittelverkäufern.
Vor Hotelportiers, die auf die Straße treten.
Wo noch? –
Unter Markisen, wenn es unversehens zu regnen anfängt.

Es fängt zu regnen an. – Es regnet noch zu wenig.

Wo gehst du hin? – Zuerst stoße ich einen Obstkarren um und warte, bis genug Kinder herbeilaufen, um das Obst aufzuheben.
Und dann? – Dann verkünde ich an der Straßenecke eine Frohe Botschaft und warte, bis genug Leute stehengeblieben sind.
Und dann? – Dann warte ich, bis genug Leute für jemanden ein Spalier bilden.
Und dann? – Dann stelle ich mich tot und springe auf, wenn ich genug Leute nach einem Arzt rufen höre.
Und dann? – Dann treibe ich eine Wette hoch, wieviele Leute in ein Auto passen, und warte, bis ein Schock Leute im Auto sind.
Und dann? – Dann warte ich im Parterre eines möglichst hohen Gebäudes und warte, bis der Aufzug herunterkommt.
Und dann? – Dann werbe ich für Führungen und warte, bis die Teilnehmer eine gewisse Mindestzahl erreicht haben.

Und dann? – Dann veröffentliche ich ein Preisausschreiben, bei dem jeder Teilnehmer einen Preis gewinnt, und warte, bis der erste Teilnehmer seinen Preis persönlich abholen möchte.

Und dann? – Zu den Telefonzellen.

Und dann? – Zur Stadtrundfahrt.

Und dann? – Bahnhofssperren.

Und dann? – Rolltreppen in Kaufhäusern.

Und dann? – Geisterbahnen.

Und dann? – Heimkehrerzüge.

Und dann? – Aussichtstürme.

Und dann? – Kurorte.

Und? – Ausfallstraßen.

Und? – Paßhöhen bei strahlendem Sonnenschein.

Und? – Beliebte Ausflugsziele.

Und? – Parkbänke in den Büropausen.

Und dann? – Fenster in Vororten bei Feierabend.

Und zuallererst? – Zuallererst beschäftige ich mich mit einem einzelnen und warte, bis sich genug Leute um den einzelnen versammelt haben.

»Die erste Schrecksekunde nützt du also dazu aus, für eine zweite Schrecksekunde zu sorgen, und die zweite Schrecksekunde, für noch eine Schrecksekunde zu sorgen, damit du, weil du ja selber von keiner Schrecksekunde betroffen bist, ihnen immer, wenn sie sich gerade von einer Schrecksekunde erholen, gerade um die weitere Schrecksekunde voraus bist, für die du gesorgt hattest, während sie sich noch von der ersten Schrecksekunde erholten, so daß schließlich die Schrecksekunden kein Ende mehr nehmen.«

Und wie?
Kurzen Prozeß machen. Nicht lang fackeln. Ausmerzen. Erledigen. Beiseite. Weg damit.
»Niemanden zählen lassen, nicht einmal bis drei.«

Und zuguterletzt?
Zuguterletzt lasse ich jemanden übrig, der später die Tradition fortsetzen kann.

5

Was ich nicht bin, nicht habe, nicht will, nicht möchte – und was ich möchte, was ich habe und was ich bin

(Satzbiografie)

Was ich NICHT bin:
Ich bin kein Spielverderber
Ich bin kein Kostverächter
Ich bin kein Kind von Traurigkeit.

Was ich ERSTENS, ZWEITENS und DRITTENS nicht bin:
Ich bin erstens kein Träumer, zweitens kein Einsiedler und drittens kein Bewohner des Elfenbeinturms.

Was ICH nicht bin:
ICH bin kein Stimmvieh.

Was ich LEIDER nicht bin:
Ich bin leider kein Held
Ich bin leider kein Millionär.

Was ich GOTTSEIDANK nicht bin:
Ich bin gottseidank kein Automat
Ich bin gottseidank keiner, mit dem man machen kann, was man will.

Was ich SCHLIESSLICH nicht bin:
Ich bin schließlich kein Hampelmann
Ich bin schließlich kein Irrenwärter
Ich bin schließlich kein Müllabladeplatz
Ich bin schließlich kein Wohltätigkeitsverein
Ich bin schließlich kein Seelentröster
Ich bin schließlich keine Kreditanstalt
Ich bin schließlich nicht euer Fußabstreifer
Ich bin schließlich kein Auskunftsbüro.

Was ich ZWAR nicht bin, ABER AUCH nicht bin:
Ich bin zwar kein Feigling, aber auch kein
                                    Lebensmüder
Ich bin zwar kein Verächter des Fortschritts, aber
                        auch kein Anbeter alles Neuen
Ich bin zwar kein Militarist, aber auch kein Verfechter
                            eines faulen Friedens
Ich bin zwar kein Anhänger von Gewalt, aber auch
                            kein Prügelknabe
Ich bin zwar kein Schwarzseher, aber auch kein blau-
                            äugiger Utopist.

Was ich WEDER NOCH bin:
Ich bin weder ein Nationalist noch ein Gleichmacher
Ich bin weder ein Anbeter der Diktatur noch ein Ver-
    teidiger einer falsch verstandenen Demokratie.

Was ich nicht HABE:
Ich habe nicht die Lust, die Nase in die Angelegen-
                    heiten fremder Leute zu stecken.

Was ich nicht WILL:
Ich will kein Aufsehen.

Was ich nicht will, ABER:
Ich will ja nicht sagen, daß hier alles in Ordnung ist,
aber –

Was ich NICHT will, ABER AUCH nicht will:
Ich will nicht alle meine Vorzüge aufzählen, aber ich
will auch nicht auf falsche Weise bescheiden sein.

Was ich nicht MÖCHTE:
Ich möchte nicht den ersten Stein werfen.

Was ich MÖCHTE:
Ich möchte, daß wir uns vertragen.

Was ich WILL:
Ich will immer nur das Beste für euch.

Was ich GEWOLLT HABE:
Ich habe immer nur das Beste gewollt.

Was ich GEHABT HABE:
Ich habe früher ähnliche Ansichten gehabt.

Was ich HABE:
Ich habe eigene Probleme.

Was ich BIN:
Ich bin dafür.

Was ich AUCH NOCH bin:
Ich bin auch noch da.

Was ich AUCH MANCHMAL bin, ABER DANN WIEDER:
Ich bin auch manchmal der Ansicht,
daß es so nicht weitergeht, aber dann wieder –

Was ich BIN:
Ich bin's!

6

Die Farbenlehre

In M. ist ein Kind von einem Unbekannten im Auto
mitgenommen und später mit einem Hammer auf
den Kopf geschlagen worden:

Der Junge sagt,
er sei von einem Mann in einem GRÜNEN
Auto mitgenommen und mit einem Hammer mit
ROTEM
Griff geschlagen worden.
Um auf der Toilette auszutreten, sei er mit dem
Mann in eine Wirtschaft gegangen, in der die
männlichen Angestellten ROTE
Jacken und SCHWÄRZLICHE
Hosen getragen hätten,
und in der Toilette habe eine Frau mit WEISSEN
Haaren gesessen und an GRAUEN
oder BRAUNEN
Socken gestrickt.
Der Mann habe sich mit einer ROSA
Seife die Hände gewaschen,
und in der Wirtschaft sei ein DURCHSICHTIGES
Regal gewesen, in dem GOLDENE
Nüsse und GELBE
Kartoffelchips ausgestellt waren.
Der Mann habe ihm GELBE

27

Limonade gekauft und im Auto,
um ihn zum Lachen zu bringen,
eine GRÜNE
Luftmatratze aufgeblasen und ihn in einen Neubau
                                          geführt
und dort vor einer WEISSEN
Wand ziemlich lange die Notdurft verrichtet.
Der Mann habe einen Hut mit einem SILBERNEN
Abzeichen getragen, das an den Rändern SCHWARZ
gewesen sei, und habe in einem ROTEN
Haus den Hammer mit dem ROTEN
Griff geholt und sei sehr groß gewesen und habe ihn
mit ziemlich HELLEN
Augen FINSTER
angeschaut:

Aristoteles sagte, den Zustand des Raums um uns,
wenn wir mit offenen gesunden Augen keine Gegenstände erblickten, nennten wir FINSTERNIS,
und Goethe (sagte), wir sähen das einfache GRÜN
einer frisch gemähten Wiese mit Zufriedenheit, ob
es gleich nur eine unbedeutende Fläche sei, und ein
Wald tue in einiger Entfernung schon als große
EINFÖRMIGE Masse unserem Auge wohl:

Der Mann habe ihm versprochen, er gehe mit ihm
auf eine Wiese, um dort Maulwürfe zu fangen,
und in den Wald, um dort Hasen zu schießen: sagt
das Kind.
Auf dem Weg in den Wald seien sie an einer

Dachrinne vorbeigekommen, unter der das Pflaster
SCHWARZ

gewesen sei,
und auf einer Wiese habe sich der Mann mit einem
GELBEN

Kamm, den er einer ebenso GELBEN
Plastikhülle entnommen habe,
die Haare hinter die Ohren gekämmt,
und am Waldrand habe ein Strauch mit ziemlich
SCHWARZEN

Knospen gestanden.
Im Wald habe es der Mann VIOLETTES
Wasser in einem Baumloch riechen lassen und ihm
unter einem Gebüsch, weil es schneite, BUNTE
Heiligenbilder gezeigt und sei mit ihm über einen
SCHWARZEN

Bach gesprungen und habe ihm im Dickicht eine
ROTE

Narbe am Bauch
und ein WEISSES
Stecktuch
und in einer Baumwurzel die Reste eines Vogels
mit GELBEM

Schnabel
und eine SCHIMMERNDE
Haarspange
und im Finstern eine LEUCHTENDE
Armbanduhr gezeigt
und habe ROTE
Sockenhalter getragen,
die das Kind gesehen habe,

sooft sich der Mann hinhockte und sich im SCHNEE die FLECKIGEN
Finger abwusch:

Das Kind hat die Schuhe verloren. Es handelt sich um Halbschuhe Größe 28, SCHWARZ

Der Rand der Wörter 1

Der Stadtrand	:	Der Rand der Stadt
Der Gletscherrand	:	Der Rand des Gletschers
Der Grabenrand	:	Der Rand des Grabens
Der Schmutzfleckrand	:	Der Rand des Schmutzflecks
Der Feldrand	:	Der Rand des Feldes
Der Wegrand	:	Der Rand des Weges
Der Trauerrand	:	Der Rand der Trauer

Die verkehrte Welt

Eingeschlafen wache ich auf:
Ich schaue nicht auf die Gegenstände, und die Gegen-
stände schauen mich an;
Ich bewege mich nicht, und der Boden unter meinen
Füßen bewegt mich;
Ich sehe mich nicht im Spiegel, und ich im Spiegel
sehe mich an;
Ich spreche nicht Wörter, und Wörter sprechen mich
aus;
Ich gehe zum Fenster und werde geöffnet.

Aufgestanden liege ich da:
Ich schlage die Augen nicht auf, sondern die Augen
schlagen mich auf;
Ich horche nicht auf die Geräusche, sondern die Ge-
räusche horchen auf mich;
Ich schlucke das Wasser nicht, sondern das Wasser
schluckt mich;
Ich greife nicht nach den Gegenständen, sondern die
Gegenstände greifen mich an;
Ich entledige mich nicht der Kleider, sondern die
Kleider entledigen sich meiner;
Ich rede mir nicht Wörter ein, sondern Wörter reden
mich mir aus;
Ich gehe zur Tür, und die Klinke drückt mich nieder.

Die Rollbalken werden hinaufgelassen, und es wird
Nacht, und um nach Luft zu schnappen, tauche ich
unters Wasser:

Ich trete auf den Steinboden und sinke knöcheltief
ein;
Ich sitze auf dem Bock einer Kutsche und setze einen
Fuß vor den andern;
Ich sehe eine Frau mit einem Sonnenschirm, und der
Nachtschweiß bricht mir aus;
Ich strecke den Arm in die Luft, und er fängt Feuer;
Ich greife nach einem Apfel und werde gebissen;
Ich gehe mit bloßen Füßen und spüre einen Stein im
Schuh;
Ich reiße das Pflaster von der Wunde, und die Wunde
ist im Pflaster;
Ich kaufe eine Zeitung und werde überflogen;
Ich erschrecke jemanden zu Tode und kann nicht
mehr reden;
Ich stecke mir Watte in die Ohren und schreie;
Ich höre die Sirenen heulen, und der Fronleichnams-
zug führt an mir vorbei;
Ich spanne den Regenschirm auf, und der Boden
brennt mir unter den Füßen;
Ich laufe ins Freie und werde verhaftet.

Über den Parkettboden stolpere ich,
mit weit offenem Mund führe ich Konversation,
mit den Handballen kratze ich,
mit der Trillerpfeife lache ich,
aus den Haarspitzen blute ich,

am Aufschlagen der Zeitung ersticke ich,
wohlriechende Speisen erbreche ich,
von der Zukunft erzähle ich,
zu Sachen rede ich,
mich durchschaue ich,
Tote töte ich.

Und die Spatzen sehe ich auf die Kanonen schießen;
und den Verzweifelten sehe ich glücklich sein;
und den Säugling sehe ich Wünsche haben;
und den Milchmann sehe ich am Abend:

: und der Briefträger? fragt nach Post;
und der Prediger? wird aufgerüttelt;
und das Erschießungskommando? stellt sich an die
                                                    Wand;
und der Clown? wirft eine Granate unter die
                                                    Zuschauer;
und der Mord? geschieht erst beim Lokalaugenschein.

Und der Leichenbestatter feuert seine Fußballmann-
                                                    schaft an;
Und das Staatsoberhaupt verübt ein Attentat auf den
                                                    Bäckerlehrling;
Und der Feldherr wird nach einer Gasse benannt;
Und die Natur wird getreu nach einem Bild gemalt;
Und der Papst wird stehend ausgezählt –

und hör! Die Uhr geht außerhalb ihrer selbst!
Und schau! Die herabbrennenden Kerzen werden
                                                    größer!

Und hör! Der Schrei wird geflüstert!
Und schau! Der Wind versteinert das Gras!
Und hör! Das Volkslied wird gebrüllt!
Und schau! Der erhobene Arm weist nach unten!
Und hör! Das Fragezeichen wird befohlen!
Und schau! Der Verhungerte ist fett!
Und riech! Der Schnee fault!

Und es neigt sich der Morgen,
und auf einem Bein steht der Tisch,
und im Schneidersitz sitzt der Flüchtling,
und im obersten Stockwerk befindet sich die Halte-
stelle der Straßenbahn:

———————————

Horch! Es ist totenstill! – Es ist Hauptgeschäftszeit!

———————————

Aufgewacht bin ich eingeschlafen
und flüchte mich aus dem unerträglichen Traum in die
sanfte Wirklichkeit
und summe fröhlich Zeter und Mordio –
horch, wie mir das Wasser im Mund zusammenrinnt:
ich sehe eine Leiche!

9

Der Text des rhythm-and-blues

Alles ist in Ordnung.
Sie geht die Straße hinunter.
Fühlst du dich wohl?
Ich möchte nach Hause gehen.

Komm näher!
Ich werde nach Hause gehen.
Alles ist in Ordnung.
Sie ist die Straße hinuntergegangen.

Ich fühl mich wohl.
Ich gehe nach Hause.
Lauf nicht davon!
Sie geht die Straße hinunter.

Früh am Morgen –
Ich geh nach Hause.
Sie ist die Straße hinuntergegangen.
Ich fühl mich besser.

Hier kommt sie!
Beeil dich!
Nimm mich nach Hause!

Früh am Morgen –
Komm näher!

Um Mitternacht –

Ich kann es spüren.
Lauf nicht davon!
Ich geh nach Hause.

Komm näher!
Wir sind zu Hause.
Spürst du's?

Um Mitternacht –
Komm!

Komm her.
Beeil dich!

Früh am Morgen –
Um Mitternacht!

Spürst du's?
Beeil dich!

Ich versuch es.
Um Mitternacht –

Spürst du's?
Hier kommt es.
Komm näher!
Ich versuch es!
Spürst du's?
Beeil dich!

Ich versuch es!
Spürst du's?
Ich versuch es!
Spürst du's?
Spürst du's?

O ja.

Bei uns zu Gast

Luciano Papini, Großindustrieller aus Rosario/Argentinien, Juan Chiang, Kaufmann aus Mendozza (SAVOY-HOTEL); Alec Bright Clifford, Direktor aus East Bresh/Sussex (HOTEL BRISTOL); Ben Ammar, Repräsentant aus Tunis, Diplom-Ing. Mossing aus Lyngby/Dänemark, Professor Kozo Kawai aus Tokio, Architekt Schild aus Bern (HOTEL STADT MÜNCHEN).

Abstraktion von dem Ball, der in den Fluß gefallen ist

Als Kinder saßen wir am Sonntagnachmittag oft am Ufer des Flusses und schauten dort, an der Feldmitte, dem Fußballspiel zu. Sooft der Ball an unserer Stelle ins Wasser fiel, liefen wir den Fluß entlang, um mit langen Stangen den Ball aus dem Wasser zu fischen. Wir konnten uns dabei Zeit lassen, weil jedesmal, wenn der Ball ins Wasser fiel, vom Spielfeldrand sogleich ein Reserveball aufs Spielfeld geworfen wurde. Wir liefen so schnell wie der Ball vom Fluß getragen wurde, bis wir ihn jedesmal, kurz vor der Wehrmauer, herausfischten. Der Fluß war in der Regel so ruhig, daß wir meistens neben dem Ball hergehen konnten. Als aber einmal Hochwasser war, mußten wir laufen.

Am Rand eines Fußballplatzes, der an einem Fluß liegt, pflegt sich eine Anzahl von Kindern einen Spaß daraus zu machen, jedesmal, wenn der Ball im Verlauf des Spiels ins Wasser fällt, von der Höhe der Spielfeldmitte aus gerade bis zum Spielfeldende neben dem Ball herzulaufen, um ihn dort erst aus dem Wasser zu holen. Als der Fluß einmal Hochwasser führt, müssen die Kinder sehr schnell laufen.

Kinder gehen jedesmal neben dem Ball her, wenn dieser auf der Höhe der Mittellinie eines Fußballfeldes in einen Fluß fällt. Erst am Ende des Fußballfeldes fischen sie den Ball aus dem Wasser. Bei Hochwasser laufen die Kinder sehr schnell.

Personen gehen von der Mittellinie eines Fußballfelds bis zum Ende des Fußballfelds neben einem Gegenstand her, der im Fluß am Rand des Spielfelds treibt. Als sie gerade am Ende des Fußballfelds angelangt sind, pfeift der Schiedsrichter zur Halbzeit. Bei Hochwasser, als die Personen laufen müssen, machen sie auf der Höhe des Gegenstands am Spielfeldende kurz vor dem Halbzeitpfiff Halt.

Jemand geht am Rand eines Fußballplatzes neben einem Gegenstand her, der in den Fluß gefallen ist. Er setzt sich 30 Sekunden vor der letzten Minute der Halbzeit von der Spielfeldmitte aus in Bewegung. Als er, genau auf der Höhe des Gegenstands, das Spielfeldende erreicht hat, pfeift der Schiedsrichter zur Halbzeit. Bei Hochwasser erreicht er das Spielfeldende, nachdem er sich zugleich mit dem Gegenstand 10 Sekunden vor dem Halbzeitpfiff des Schiedsrichters in Bewegung gesetzt hat, zugleich mit dem Gegenstand 1 Sekunde vor dem Abpfiff.

Jemand benötigt, um die Hälfte der Länge eines Spielfelds (Spielfeldlänge = 90 Meter) zurückzulegen, 1 Minute und 30 Sekunden. Als er laufen muß, benötigt er für dieselbe Strecke nur 9 Sekunden.

Jemand benötigt für 45 Meter 90 Sekunden. Laufend benötigt er 9 Sekunden.

90 sec————45 m
1 sec————Geschwindigkeit x m

9 sec————45 m
1 sec————Geschwindigkeit y m

$$90 x = 45$$
$$9 y = 45$$
$$x = \frac{45}{90}$$
$$y = \frac{45}{9}$$
$$x = \frac{1}{2}$$
$$y = 5$$

Als Kinder gingen wir am Sonntagnachmittag mit einer Geschwindigkeit von einem halben Meter in der Sekunde neben dem Ball her, wenn dieser vom Spielfeld in den Fluß geschossen wurde. Aber als einmal Hochwasser war, mußten wir mit einer Geschwindigkeit von fünf Metern in der Sekunde neben dem Ball herlaufen, um ihn herauszufischen, bevor er über die Wehrmauer fiel.

Die Besitzverhältnisse

Mit dem Wort ICH fangen schon die Schwierigkeiten an.

Mehrere Herren
haben schon vor geraumer Zeit einige Flaschen Sekt
                                                bestellt;
ein Reisender
kehrt aus dem Speisewagen zum Abteil zurück;
die Hundertmeterläufer
versammeln sich nach dem Fehlstart wieder vor
                                    den Startlöchern;
und der Kriegsversehrte
locht in der Bahnhofssperre die Fahrkarten:

Wo bleibt UNSER Sekt? rufen die Herren dem Kellner
    zu, der ohne *ihren* Sekt an den Herren vorbeieilt;
das ist MEIN Platz! ruft der Reisende dem anderen
Reisenden zu, der sich auf *seinem* Platz breitgemacht
                                                hat;
verzieh dich aus MEINEM Startloch! ruft der Hundertmeterläufer dem andern Hundertmeterläufer zu, der
mit der Schuhspitze das Startloch des ersten Hundert-
                            meterläufers erweitert;
ich lasse mir MEINEN Stolz nicht rauben! ruft der
Kriegsversehrte dem Betrunkenen zu, der ihm, indem

er sich über die Arbeit in der Bahnhofssperre lustig
macht, *seinen* Stolz rauben will:

MEIN:

der Machtspruch des Herrschers über SEINE Untertanen
die Dankadresse der Untertanen an IHREN Herrscher
die Anklagemöglichkeit des Beraubten
die Verteidigungsmöglichkeit des Räubers
die Hilfsmöglichkeit des seiner selbst nicht mehr
Bewußten
die Bestätigungsmöglichkeit des Selbstbewußten:

Das war MEINE Stunde! schreibt der Staatsmann in
seinen Erinnerungen;
das ist MEIN Bild! ruft verwundert der zum ersten
Mal Abgebildete;
MEIN Patient hat flüssige Nahrung zu sich nehmen
können! ist die Auskunft des Arztes, als für den
Kranken wieder Hoffnung besteht;
das ist MEIN Berg! notiert der Erstbesteiger ins Tage-
buch, nachdem er den Wimpel seines Landes in den
Schnee auf dem Gipfel gesteckt hat;
wo ist MEIN Japaner? erkundigt sich der Gastgeber
einer Abendgesellschaft, zu der auch ein Japaner
gehört:

MEIN:

der Anspruch der Größeren auf das Kleinere,
Vertraute
aber auch die Beschwörung der Kleineren
für das nicht Geheure, nicht Vertraute

44

damit das Nichtgeheure vertraut wird:

MEINE Welt und
MEINE Angelegenheiten und
MEIN Inneres und
MEINE Erinnerung:

Als eine Möglichkeit sich zu behaupten
aber auch als eine Möglichkeit sich zu fügen:

MEIN Wellensittich (die Frau nach dem Unglück das
　　　　　　　　　　ihr sonst alles genommen hat)
MEIN Land (der Grundbesitzer am Morgen)
MEIN Schuhputzer (der Schriftsteller Willy Haas
　　　　　　　　　　an Hugo v. Hofmannsthal)
MEIN Staat (der Grundbesitzer am Abend):

MEIN
gebraucht der Kommissar für den Mord, den er
　　　　　　　　　　　　　　　　　　aufklärt
aber nicht für den Mord an sich selber;
gebraucht der Häftling für seine Zelle
aber nicht für das ganze Gefängnis;
gebraucht der Fluggast für seinen Fensterplatz
aber nicht wenn die Maschine schon abstürzt;
gebraucht der Arbeiter für sein Produkt
aber nicht vor dem Dienstherrn;
gebraucht der Untersuchte für sein Röntgenbild
aber nur wenn es zeigt daß er gesund ist;
MEIN
sagt das Kind für sein Spielzeug
aber nicht für sich selber:

MEINE Lebensmüden! sagt die Pflegerin des
                                   Lebensmüdenheims;
MEINE Küche! sagt die verheiratete Frau;
MEIN Außenminister! sagt der Regierungschef;
MEIN Gott! sagt der Erschreckte:

und wir sprechen und hören von
UNSERER Wirklichkeit
sowie von
MEINEM Lieblingsgericht
und auch von
UNSEREM Goldvorrat
und auch von
MEINEM Hochzeitsbild
und nicht zuletzt von
UNSEREN damals schuldlos Verurteilten:

aber niemand spricht und hört von
UNSERER berittenen Polizei oder
UNSEREN Hungerbäuchen und
UNSEREN Jüngsten Tagen oder
UNSEREN Schüssen in einen mit Wasser gefüllten
                                    Mund und
UNSEREN Kothaufen oder
UNSEREN Sägespänen für Geköpfte und
UNSEREN betrunkenen Kutschern unter den Kirchen-
                                    treppen oder
UNSEREN Selbstmorddunkelziffern –

zu schweigen
von den Fällen

bei denen es sich nicht *lohnt*
von MEIN und UNSER zu sprechen:
zum Beispiel von
MEINEM wurmstichigen Apfel
zum Beispiel von
UNSERER zerbrochenen Glühbirne
zum Beispiel von
MEINEM naßgewordenen Streichholz –

zu schweigen auch
von dem Fall
des Vaters
der vor der Leiche seines von den Zwillingsreifen eines
Lastwagens verstümmelten Kindes sagt:
das ist NICHT meine Tochter
das ist NICHT meine Tochter –

zu schweigen auch
von dem Fall
des Verrückten
der unentwegt ausruft:
das ist NICHT meine Stimme
das ist NICHT meine Stimme –

und auch
von dem Fall
des steckbrieflich Gesuchten
der vor dem Bild auf dem Steckbrief beteuert:
das bin nicht ICH
das bin nicht ICH

zu schweigen

Lesen und Schreiben

BERCHTESGADEN — Um einen besonders
schönen Blick auf Sankt Bartholomä zu haben,
stieg am Sonntag eine 22jährige Sekretärin aus
Paris zusammen mit ihrem Ehemann auf die
Falkensteiner Wand am Königssee.

»Um einen besonders schönen Blick auf Sankt Bartholomä zu haben, stieg am Sonntag eine 22jährige
Sekretärin aus Paris zusammen mit ihrem Ehemann
auf die Falkensteiner Wand am Königssee.«

Und Lesen

Veränderungen im Lauf des Tages

Solange ich noch allein bin, bin ich noch ich allein.
Solange ich noch unter Bekannten bin, bin ich noch
                                        ein Bekannter.
   Sobald ich aber unter Unbekannte komme –

Sobald ich auf die Straße trete – tritt ein Fußgänger
                                        auf die Straße.
Sobald ich in die Straßenbahn einsteige – steigt ein
                                Fahrgast in die Straßenbahn.
Sobald ich das Juweliergeschäft betrete – betritt
                        ein Herr das Juweliergeschäft.
Sobald ich den Einkaufswagen durch den Selbst-
bedienungsladen schiebe – schiebt ein Kunde den Ein-
kaufswagen durch den Selbstbedienungsladen.
Sobald ich das Warenhaus betrete – betritt ein
                        Kauflustiger das Warenhaus.

Dann gehe ich an Kindern vorbei – und die Kinder
sehen einen Erwachsenen, der an ihnen vorbeigeht.
Dann betrete ich die Sperrzone – und die Wächter
sehen einen Unbefugten, der die Sperrzone betritt.
Dann sehe ich in der Sperrzone die Kinder vor mir
davonlaufen – und ich werde ein Wächter, vor dem
die Kinder davonlaufen, weil sie in der Sperrzone
                        Unbefugte sind.

Dann sitze ich in den Vorzimmern als Antragsteller.
Dann schreibe ich meinen Namen auf die Rückseite
des Briefes als Absender.
Dann fülle ich den Gutschein aus als ein vom Glück
Begünstigter.

Sobald ich dann nach dem »Schwarzen Weg« gefragt
werde – werde ich ein Ortskundiger.
Sobald ich dann das Unglaubliche sehe – werde ich
ein Zeuge.
Sobald ich dann die Kirche betrete – werde ich ein
Laie.
Sobald ich dann bei dem Unfall nicht weitergehe –
werde ich ein Neugieriger.
Sobald ich dann den »Schwarzen Weg« nicht kenne –
bin ich wieder einer, der den »Schwarzen Weg« nicht
kennt.

Kaum nehme ich dann die Mahlzeit ein – schon
kann ich sagen: Wir Verbraucher!
Kaum wird mir dann etwas gestohlen – schon
kann ich sagen: Wir Eigentümer!
Kaum gebe ich dann die Todesanzeige auf – schon
kann ich sagen: Wir Leidtragenden!
Kaum betrachte ich dann das Weltall – schon
kann ich sagen: Wir Menschen!

Ich lese den Roman in der Illustrierten – und werde
Einer unter Millionen.
Ich erfülle die Pflichten der Obrigkeit gegenüber
nicht – und schon bin ich ein Staatsbürger.

Ich laufe bei dem Auflauf nicht davon – und schon
                                    bin ich ein Aufrührer.
Ich schaue von dem Roman auf und betrachte die
Schönheit mir gegenüber – und wir werden Zwei
                                    unter Millionen.

Dann steigt jemand aus dem fahrenden Zug nicht
                            aus – jemand? – Ein Reisender.
Dann spricht jemand ohne Akzent – jemand? –
                                    Ein Inländer.
Dann hat jemand ein Gegenüber – und wird ein
                                    Gegenüber.
Dann spielt jemand nicht mehr nur mit sich selber –
                            und wird ein Gegner.

Dann wird jemand in einer Stube der Stubenälteste.
Dann kriecht jemand aus einem Gebüsch im Park
                    und wird ein verdächtiges Subjekt.
Dann wird aus jemandem, über den gesprochen wird,
                    ein Gesprächsgegenstand.
Dann wird jemand auf einem Foto erkannt – und
                                    wird ein X.
Dann ergeht sich jemand auf dem freien Land –
                            jemand? Ein Wanderer.

Als dann plötzlich vor mir ein Auto bremst – bin
                            ich ein Hindernis.
Dann werde ich im Dunkeln von einer Gestalt
        gesehen – und werde eine Gestalt im Dunkeln.
Als ich dann durch den Feldstecher beobachtet
                    werde – bin ich ein Objekt.

Dann stolpert man über mich – und ich werde ein
Körper.
Als man dann auf mich tritt – bin ich etwas Weiches.
Dann werde ich in etwas eingehüllt – und werde
ein Inhalt.

Dann erkennt man, daß hier ein Barfüßiger über den
Feldweg gelaufen ist und daß ein Rechtshänder den
Schuß abgefeuert haben muß und daß einer mit der
Blutgruppe o hier gelegen hat und daß ich, nach der
Schäbigkeit des Aussehens zu schließen, ein Ausländer
sein muß.

Sobald man mich dann anruft – bleibt der Angerufene
auf Anruf nicht stehen.
Sobald ich dann weit genug weg von den Beobachtern
bin – ist das Objekt nur noch ein Punkt.
Sobald dann ich als Beobachter einen anrufe – bin
ich für den Angerufenen ein ganz schöner Schrecken.

Dann, endlich, treffe ich einen Bekannten – und
zwei Bekannte treffen einander.
Dann, endlich, werde ich alleingelassen – und einer
bleibt allein zurück.
Dann, endlich, bin ich allein – und einer ist mit sich
allein.
Dann, schließlich, setze ich mich zu einem ins Gras –
und bin endlich ein andrer.

15

Steigerungen

Es ist nicht von vornherein ganz auszuschließen,
daß der Parkwächter gleich unglücklich sein kann
wie der Schlagersänger
der Volksschullehrer
und der Machthaber:
aber es ist die Regel,
daß der Schlagersänger unglücklicher ist als der Parkwächter und der Volksschullehrer unglücklicher als
                            der Schlagersänger –
und die Wahrscheinlichkeit,
daß der Machthaber der unglückseligste von allen ist,
grenzt in der Regel schon an Gewißheit.

Ebenso
ist es nicht ganz von der Hand zu weisen,
daß das Sonntagshemd des Landarbeiters gleich kurze
                            Ärmel haben kann
wie das Alltagshemd des Sheriffs aus Mississippi
das Freizeithemd des rhodesischen Bürgers
und das Feierabendhemd des Lynchmörders:
aber es scheint sicher,
daß das Alltagshemd des Sheriffs kürzere Ärmel hat
            als das Sonntagshemd des Landarbeiters
und daß das Freizeithemd des rhodesischen Bürgers
kürzere Ärmel hat als das Alltagshemd des Sheriffs –

und es ist unbestritten,
daß das Feierabendhemd des Lynchmörders die
kürzesten Ärmel von allen hat.

Und ebenso
kann die Farbe des Briefkastens am Postamt gleich
gelb sein
wie die Farbe des Briefkastens an der
Milchsammelstelle
die Farbe des Briefkastens an der Landstraße am
Sonntagnachmittag
und die Farbe des Briefkastens im Hitchcockfilm:
aber
in neunhundertneunundneunzig von tausend Fällen
ist der Briefkasten an der Milchsammelstelle gelber
als der Briefkasten am Postamt
und der Briefkasten an der Landstraße am Sonntagnachmittag gelber als der Briefkasten an der Milchsammelstelle –
und in tausend von tausend Fällen hat der Briefkasten im Hitchcockfilm das schreiendste Gelb von
allen.

Und schließlich
können die Fremdenführer ohne Frage einen guten
Willen haben
aber
die Fußballordner haben ohne Frage einen besseren
Willen als die Fremdenführer
und die Tarifpartner haben den besseren Willen als
die Fremdenführer

und die reuigen Sünder haben trotz allem einen
besseren Willen als die Tarifpartner
und jeder Tote hatte zumindest den besseren Willen
als jeder reuige Sünder –
aber der die Macht zu wollen hat, hat fraglos den
besten Willen von allen.

16

Die drei Lesungen des Gesetzes

1.

Jeder Staatsbürger hat das Recht –
Beifall
seine Persönlichkeit frei zu entfalten –
Beifall
insbesondere hat er das Recht auf:
Arbeit –
Beifall
Freizeit –
Beifall
Freizügigkeit –
Beifall
Bildung –
Beifall
Versammlung –
Beifall
sowie auf Unantastbarkeit der Person –
starker Beifall.

2.

Jeder Staatsbürger hat das Recht –
Beifall
im Rahmen der Gesetze seine Persönlichkeit frei zu
entfalten –
Rufe: Hört! Hört!
insbesondere hat er das Recht auf:
Arbeit entsprechend den gesellschaftlichen
Erfordernissen –
Unruhe, Beifall
auf Freizeit nach Maßgabe seiner gesellschaftlich
notwendigen Arbeitskraft –
Zischen, Beifall, amüsiertes Lachen, Unruhe
auf Freizügigkeit, ausgenommen die Fälle, in denen
eine ausreichende Lebensgrundlage nicht vorhanden
ist und der Allgemeinheit daraus besondere Lasten
entstehen würden –
schwacher Beifall, höhnisches Lachen, Scharren,
Unruhe
auf Bildung, soweit die ökonomischen Verhältnisse
sie sowohl zulassen als auch nötig machen –
starke Unruhe, Murren, unverständliche Zwischen-
rufe, Türenschlagen, höhnischer Beifall
auf Versammlung nach Maßgabe der Unterstützung
der Interessen der Mitglieder der Allgemeinheit –
Pultdeckelschlagen, Pfeifen, allgemeine Unruhe,
Lärm, vereinzelte Bravorufe, Protestklatschen, Rufe
wie: Endlich! oder: Das hat uns noch gefehlt!, Tram-
peln, Gebrüll, Platzen von Papiertüten
sowie auf Unantastbarkeit der Person –
Unruhe und höhnischer Beifall.

3.

Jeder Staatsbürger hat das Recht,
im Rahmen der Gesetze und der guten Sitten seine
Persönlichkeit frei zu entfalten,
insbesondere hat er das Recht auf Arbeit entsprechend
den wirtschaftlichen und sittlichen Grundsätzen der
Allgemeinheit –
das Recht auf Freizeit nach Maßgabe der allgemeinen
wirtschaftlichen Erfordernisse und den Möglichkeiten
eines durchschnittlich leistungsfähigen Bürgers –
das Recht auf Freizügigkeit, ausgenommen die Fälle,
in denen eine ausreichende Lebensgrundlage nicht
vorhanden ist und der Allgemeinheit dadurch besondere Lasten entstehen würden oder aber zur Abwehr
einer drohenden Gefahr für den Bestand der Allgemeinheit oder zum Schutz vor sittlicher und leistungs-
abträglicher Verwahrlosung oder zur Erhaltung eines
geordneten Ehe- Familien- und Gemeinschaftslebens –
das Recht auf Bildung, soweit sie für den wirtschaft-
lich-sittlichen Fortschritt der Allgemeinheit sowohl
zuträglich als auch erforderlich ist und soweit sie nicht
Gefahr läuft, den Bestand der Allgemeinheit in ihren
Grundlagen und Zielsetzungen zu gefährden –
das Recht auf Versammlung nach Maßgabe sowohl
der Festigung als auch des Nutzens der Allgemeinheit
und unter Berücksichtigung von Seuchengefahr,
Brandgefahr und drohenden Naturkatastrophen –
sowie das Recht auf Unantastbarkeit der Person:
Allgemeiner stürmischer, nichtendenwollender
Beifall.

Die Aufstellung des 1. FC Nürnberg
vom 27. 1. 1968

WABRA

LEUPOLD   POPP

LUDWIG MÜLLER   WENAUER   BLANKENBURG

STAREK STREHL BRUNGS HEINZ MÜLLER VOLKERT

Spielbeginn:
15 Uhr

Die Buchstabenformen

Die Kajüte des Kapitäns, so beschreibt Joseph Conrad, hat die Form eines **L**, so daß jemand, der überraschend zur Tür, die sich an dem kürzeren Balken des **L** befindet, hereinkommt, den Flüchtling, den der Kapitän, obwohl jener einen Mann totgeschlagen hat, bei sich verborgen hält, nicht sogleich in der Kajüte erblicken kann, weil sich der Flüchtling im längeren Balken des **L** befindet.

Der Flüchtling, der schwimmend einige Seemeilen hat zurücklegen müssen, um auf das Schiff zu gelangen, ist von der Mühe dermaßen erschöpft, daß seine Füße, nachdem er, auf dem Rücken liegend, in der Koje eingeschlafen ist, ein ziemlich weitschenkeliges **V** bilden.

Dem Kapitän, der, im Schein der Kajütenlampe, in ein Buch vertieft ist, scheint, als er einmal vom Buch aufschaut und den erschöpft schlafenden Flüchtling betrachtet, dieser Zustand der Erschöpfung, ohne daß er sich diese Verwandlung eines Zustandes in einen Buchstaben erklären könnte, immer mehr die Form eines großen umgestürzten, liegenden **W** anzunehmen.

Als der Kapitän, mit dem Kopf seine Vorstellung abschüttelnd, sich wieder seiner Lektüre zuwendet, erblickt er am Anfang des neuen Kapitels zu seiner Verwunderung einen dick mit Salz verkrusteten Schiffbrüchigen, der lauthals um Hilfe ruft und sich erst auf den zweiten Blick des Kapitäns als ein großes verschnörkeltes **A** erweist.

Der Kapitän, indem er weiterliest, muß seine ganze Vernunft aufbringen, um den Schiffspapagei, der ihm, kreischend und krächzend, leibhaftig vom Buch herauf in die Augen springt, für ein **X** zu halten.

Als aber jetzt, noch im Lärm des Papageis, der durch die, wie es dem Kapitän vorkommt, **I**-förmige Stille draußen auf dem Meer verrückt geworden scheint, der Steward, auf dem senkrecht über den Kopf gestreckten Arm ein Tablett, das mit dem Unterarm ein großes **T** bildet und von Gläsern klirrt, an die Tür der Kapitänskajüte klopft und fast zugleich auch schon eintritt, verwirrt sich der Kapitän, der gerade noch den Vorhang zur Koje zuziehen kann, derart, daß er den Steward, welcher soeben am Schnittpunkt des kurzen Balkens

des  mit dem langen Balken des mit ausge-
strecktem
Arm sicht-
bar wird,
als ein
großes
liest und, statt den Papa-
gei zu beruhigen und den
Steward näherzuwinken,
in seiner Not das Buch zu-
schlägt, worauf die Kajüte
endlich wieder eindeutig
wird.

19

Alias

Ich bin N. N.

alias
Eric Stavro Blofeld

alias
Peter Lee Lawrence

alias
Jeff Costello

alias
John Philip Law:

Ich habe

ihn

die fragliche Person

na, den Betreffenden

na, den, um den es sich handelt

– mir fällt der Name nicht ein –

na, Sie wissen schon, wen ich meine

nur von weitem auf den Balkon treten sehen;

anders gesagt:
nie gehaßt;

mit anderen Worten:
schon beim Aufwachen lachen hören;

mit anderen Worten:
beim Elfmeter hinter dem Tor den Tormann
                                    verspotten hören;

anders gesagt:
erschießen *müssen*.

»Ja, das ist das richtige Wort.«

Danach ist, wie sagt man: die Milch? ja, die Milch,
            wie soll ich sagen: sauer? ja, sauer geworden.

20

Verwechslungen

»Ist das da auf dem Flugfeld, mit dem aufgerissenen
Maul, ein Hai?« –
– »Nein, es ist die offene Einstiegsluke des
Flugzeugs.«
»Liegt da im Obstgarten nicht ein Haufen von
Handgranaten?«
– »Nein, was da im Obstgarten liegt, ist ein Haufen
von schwarzen, verfaulten Äpfeln.«
»Schau, in die Briefmarke schlägt ein Blitz ein!«
– »Nein, das ist nur ein Teil des Sonderstempels.«

Ich sehe am Bein der Frau eine ätzende Säure herun-
terrinnen, die sich aber dann als eine gerade laufende
Masche erweist.
Ich sehe die Hand des Großvaters ein Kartenspiel
auffächern, das sich aber dann als eine sich gerade
zusammensetzende Leuchtschrift erweist.
Ich sehe auf der heißen Herdplatte eine Ameise ver-
schrumpeln, die sich aber dann als zwei Raufbolde
auf der Straße, die sich ineinander verbeißen, erweist.

»Schau, da, auf dem Bett, zwei tote Ratten!«
– »Nein, das sind nur deine verknäuelten Socken.«

»Darf ich darin mein Brot einwickeln?«
– »Aber das ist doch der Schnee.«
»Hallo, da muß eine Störung in der Leitung sein!«
– »Nein, es keucht nur jemand im Telefon.«
»Der Dachdecker stürzt ab!«
– »Das ist nur ein Schmutzfleck am Fenster.«

Am Haufen von Stacheldraht will ich Brombeeren
                                               essen;
mit dem Telegrafenmast will ich mir in den Zähnen
                                               stochern;
dem aufgehenden Mond komme ich mit einer
                                   Nagelschere.

»Schau, da, im Straßengraben, das umgekippte Auto!«
– »Nein, das sind nur weggeworfene Schuhe.«
»Oh, ist mir auf einmal heiß geworden!«
– »Nein, du bist nur erschrocken.«
»Hör auf, mich von hinten anzurempeln!«
– »Nein, das war nur ein Schrei.«
»Beinahe wäre ich jetzt an diesem Bissen erstickt!«
– »Nein, du hast dich nur über etwas gefreut.«

Das Knacken des Schranks halte ich für das
                         Entsichern einer Waffe.
Die kalte Türklinke halte ich für einen Schlag ins
                                          Genick.
Das Schwalbennest halte ich für einen auf die Straße
                         geworfenen Blumentopf.

»Was bedeutet dieses große A dort auf der
                         Schaufensterscheibe?«

– »Du schreist nur vor Schmerzen.«
»Warum schleift man den Hingerichteten über den
Gehsteig?«
– »Es ist dir nur das Schuhband aufgegangen.«
»Schau, der Iltis hat das Ei leergesaugt!«
– »Nur das Polster ist eingedrückt.«
»Wer atmet denn da im Zimmer nebenan?«
– »Es ist nur Abend geworden.«

Der Abschied ist für mich das Weggleiten des
Schiffes bei der Schiffstaufe;
der Polterabend ist für mich eine schlecht geklebte
Tapete;
das Ausatmen ist für mich ein Laufen vom Wald
auf den Acker.

»Hör, wie im Bad der Haartrockner saust!«
– »Nein, das ist der Feuersturm.«
»Kann man die Wespe nicht endlich zerdrücken?«
– »Am Fensterrahmen ist ein Holzspan locker, und
der sirrt so, weil draußen der Wind geht.«
»Ich komme mir vor wie ein aufgelegter
Telefonhörer.«
– »Du bist nur erschöpft.«
»Ich wäre jetzt gern zu einer Hochzeit auf dem
Land.«
– »Du bist nur mordlustig.«
»Ich möchte mit einer Nadel ins Wasser stechen.«
– »Es ist ja Sonntagvormittag.«

Das Unbehagen ist der Mantel auf den Knien im
Kino;
die bevorstehende Schlacht ist ein leeres Steckkissen;
das Kreischen der Katze ist ein Quietschen der
Vorhangspangen.

»Ich habe plötzlich den Fuß auf dem Bremspedal –
nein, ich erwache.«
»Ich rutsche im Kot aus – nein, ich umarme dich.«
»Ich setze mich neben den Stuhl – nein, das war nur
ein Windstoß.«

»Plötzlich werde ich im Finstern angeblasen – viel-
mehr, ich weiß nicht mehr aus noch ein – das heißt, ich
werde im Finstern angeblasen – ja, ich weiß weder
aus noch ein.«

Ein einziger Arm ist im Klassenzimmer erhoben – ja,
das ist die Scham – ja, ich als einziger im Klassenzimmer hebe den Arm – ja, ich schäme mich.

21

Vergleiche für nichts Vergleichbares

Wie
  Wie
        ein
    Wie
        der Brunnenmacher
      Wie
        das Schild GÖSSER BIER im Horrorfilm:

Wie
  Wie
        ein
    Wie
        die Hausbewohner, die in der Kirche sind,
        als das Flugzeug aufs Haus stürzt wie
        der Spalt im Stroh, in dem der Flüchtige,
        nachdem er sich in die Scheune verkrochen
        hatte, eingesunken: dann eingebrochen: dann
        erstickt ist wie
        die Zugfenster, die, nachdem sie, als der Zug
        auf offener Strecke anhielt, heruntergescho-
        ben worden sind, jetzt, als der Zug wieder
        anfährt, nach und nach wieder hinaufgescho-
        ben werden:

Wie
 Wie

        man
   Wie

       wenn man im Sturm weit weg ein Kind über
       die Straße laufen sieht
       und zugleich im Hotelzimmer nebenan das
       Flüstern eines Mannes und dann das Lachen
       der Frau hört
       und zugleich Leimrinnsale von frischgekleb-
       ten Plakaten auf den Gehsteig tropfen sieht
       und zugleich sieht, wie jemand allein am
       Tisch sitzen bleibt, während seine Begleiterin,
       um sich frisch zu machen, hinausgeht
       und zugleich den Angeklagten das Gesicht in
       die Hand verstecken sieht:

Wie
 Wie
   wenn

       Wie wenn man in der Eisernen Jungfrau
                            einatmen möchte
       und dann aufwacht und sieht die Wände
                                   schwitzen
       und dann den Lidstrich trocknen sieht
       und sieht dann eine Schwangere am
                            Brückengeländer:

       wie das Fett auf dem Boden des
                            Grillautomaten
       wie Milch in den Straßenbahnschienen

             wie das Augenzwinkern des Fernsehkochs
             wie der Schatten des Kameramanns
             wie die Innenstadt
             wie das große G
                wie:
»wie vor der Gewalt des Feuers ein Schwarm von
Heuschrecken ins Wasser klatscht und der Himmel
von dem Geschrei der Kraniche tönt und das Ge-
treide zermalmt wird vom Trott der brüllenden Rin-
der und vor dem ungeheuren Delphin fliehend die
anderen Fische in den Buchten sich tummeln und die
Schafe des reichen Mannes, ohne Unterlaß blökend,
zahllos in der Hürde die Eimer mit schäumender
Milch anfüllen und der Mann, der die Schlange er-
blickte, voll Entsetzen zurückfährt und die unzähl-
baren Scharen der Fliegen, wenn die Milch von der
Butter herabtrieft, rastlos das Gehege der ländlichen
Hirten im luftigen Frühling durchschwärmen und die
Zikaden, die auf den Bäumen sitzen, von ihren hel-
len Stimmen die Wälder erschwirren lassen«:
Wie:
 Wie
     5
 Wie
      4
  Wie
      3
  Wie
       2
   Wie
       1:

Wie wenn man ein Tuch über den Käfig wirft, um die schreienden Vögel zum Schweigen zu bringen

22

Die Einzahl und die Mehrzahl

Auf einer Bank im Park sitzt ein Türke mit dick
verbundenem Finger:
ich sitze auf einer Bank im Park neben einem Türken
mit dick verbundenem Finger:
wir sitzen auf einer Bank im Park, ich und ein Türke
mit dick verbundenem Finger:
Ein Türke mit dick verbundenem Finger sitzt mit mir
auf einer Bank im Park.

Wir sitzen auf einer Bank im Park und schauen hinaus auf den Teich, und ich sehe im Teich etwas
schwimmen, und der Türke schaut hinaus auf den
Teich:

Wir schauen hinaus auf den Teich, und ich sehe im
Teich einen Gegenstand schwimmen, und der Türke
schaut hinaus auf den Teich:

Wir schauen hinaus auf den Teich, und ich sehe im
Teich, von den schwimmenden Enten bewegt, ein
Grasbüschel schwimmen und auf das Ufer zu schwim-
men, und der Türke schaut hinaus auf den Teich:

Wir schauen hinaus auf den Teich, und ich sehe ein
Grasbüschel, das, von schwimmenden Enten bewegt,

auf das Ufer zuschwimmt, von entgegenschwimmenden Enten bewegt, vom Ufer wegschwimmen, und der Türke schaut hinaus auf den Teich:

Wir schauen hinaus auf den Teich, und ich sehe ein Grasbüschel, das, von schwimmenden Enten bewegt, daran war, ans Ufer geschwemmt zu werden, und dann, von entgegenschwimmenden Enten bewegt, daran war, zurück in die Mitte des Teiches geschwemmt zu werden, jetzt, von anderen, kreuzenden Enten bewegt, sich nur noch auf der Stelle bewegen, und der Türke schaut hinaus auf den Teich:

Wir schauen hinaus auf den Teich, und ich sehe einen Gegenstand, den ich für ein Grasbüschel gehalten habe, oder etwas, das ich für einen Gegenstand gehalten habe, von dem ich glaubte, daß er ein Grasbüschel sei, nachdem er sich auf der Stelle bewegt hat, plötzlich untergehen, und auch ich höre auf, den Kopf mit dem Gegenstand mit auf der Stelle zu bewegen: das heißt, ich schrecke auf: oder: ich schrecke auf, das heißt, ich höre auf, den Kopf mit dem Gegenstand mit auf der Stelle zu bewegen, und bewege mich nicht mehr, und der Türke schaut hinaus auf den Teich:

Wir schauen hinaus auf den Teich, und ich sehe eine Ente auftauchen, die ein Grasbüschel im Schnabel hat, und ich bin müde vom Schauen und zufrieden, und der Türke schaut hinaus auf den Teich:

Wir schauen hinaus auf den Teich, und ich erinnere

74

mich, ohne etwas zu sehen, an den Sportreporter, der
vom Tod redete, und der Türke schaut hinaus auf den
Teich.

Ein Türke und ich, wir sitzen im Park auf einer Bank
                und schauen hinaus auf den Teich:
ich sitze im Park auf einer Bank bei einem Türken
                mit dick verbundenem Finger:
ich sitze auf einer Bank im Park neben einem Türken
                mit dick verbundenem Finger:
im Park sitzt plötzlich neben mir auf der Bank ein
Türke mit einem dick verbundenen Finger, den er
                von den anderen wegstreckt:
im Park auf einer Bank sitzt ein Türke mit neun
                heilen Fingern, die er an sich drückt:
auf einer Bank im Park sitzt ein Türke mit dick verbundenem Finger und schaut hinaus auf den Teich.

23

Frankensteins Monsters Monster
Frankenstein

Ah!
Unter dem Stroh im Stall liegt Frankensteins Monster.
In Carlsbrunn wohnt ein Doktor namens Stein.
Frankensteins Tochter fährt in der Kutsche zur Kur
                    nach Insbad (oder nach Inzbad).
Die Burschen im Dorf heißen Fritz, Karl, Otto
                                        und Hans.
Im Stall über dem Stroh hängt ein ziemlich schwarzer
                                    Reifen aus Holz.
Der Pförtner ist das erste Opfer des Monsters, das
                            zweite Opfer heißt Gerda.
Im Stall unterm Stroh liegt Frankenstein,
                        Frankensteins Monster.

Im Herrschaftshaus spielt das Quartett einen echt
englischen Komponisten, aber auf Wunsch der Dame
                    des Hauses folgt Händel darauf.
Im Wirtshaus sind die Tischtücher so weißblau
                    kariert, daß man Heimweh kriegt.
Im Keller nimmt der Doktor dem erschrockenen
                Assistenten den Handschuh aus der Hand.
Es gibt auch eine Stadt namens Frankenstein.
Im Wald schläft Frankensteins Monster weinend
                            unter dem Farnkraut.

Der Geliebte von Frankensteins Tochter heißt Hans.
Frankensteins Monster steht auf dem Altan des
                              Herrschaftshauses.
Der Doktor Stein macht eine Krankenvisite.
Das Liebespaar heißt Gerda und Franz, sitzt mitten
    in der Nacht unterm Gebüsch und zählt Ameisen.
Der Stallknecht hängt im Stall an einem ziemlich
                              schwarzen Reifen aus Holz.
Frankensteins Monster hieß früher Hans.

Der Schrei der Dame des Hauses löscht die Kerze für
                              die Partitur des Streichquartetts aus.
Frankensteins Monster hat sich unter das Farnkraut
                              verkrochen.
Frankensteins Tochter trug einen Reifrock aus Inzbad
                              (oder aus Insbad).
Hans und Frankensteins Tochter saßen oft miteinan-
    der im Gras und aßen aus dem Jausenkorb, der zwi-
                              schen ihnen im Gras stand.
Die Dame des Hauses hat einen Fächer zwischen
                              Daumen und Fingern.
Frankensteins Monster, in seiner Verzweiflung,
                              hat den Hemdkragen offen.

»Ihr seid so gut zu mir!« sagte Hans.
Der Mann aus dem Volke reibt sich den Bauch.
»Ich bin immer nur angestarrt worden!« sagt
                              Frankensteins Monster.
Der Doktor Stein heißt jetzt Doktor Franck und hat
    eine Praxis in London West, Harley Street.

24

Die japanische Hitparade vom 25. Mai 1968:

1
HANA NO KUBIZAKARI/GINGA NO ROMANCE
Tigers
2
KOI NO SHIZUKU
Ito Yukari
3
MASSACHUSETTS
Bee Gees
4
YUBE NO HIMITSU
Ogawa Tomoko
5
KAMISAMA ONEGAI
Tempters
6
KANASHIKUTE YARIKIRENAI (UNBEARABLE SAD)
Folk Crusade
7
HOSHIKAGE NO WALTZ
Sen Masao
8
ISEZAKI-CHO BLUES
Aoe Mina

19
DAYDREAM BELIEVER
Monkees
20
AMAIRO NO KAMI NO OTOME (ON THE WINDY HILL)
Village Singers

LEGENDEN

...in glücklichen Tagen:

Hier sc

Sybille Frank (5)
Günter Netzer, Ha

United Press International (3)
und Deutsche Presse-Agentur (4)
Helmut Schön (KNA)

In den Karten lag der Tod:
Weissagerin Therese Schaffhauser
Rote Blute (sich öffnend)

Im Tirpitzhafen

Direktor E. Puls (48)
Familiärer Schnappschuß
Hannelore Eibel (7)
Weißwurstchen, Senf und viel Verkehr beim

Es sieht schlimmer aus als e

direktor

Murph the Surfer

Erich Dietrich (40)
Erschüttert am Grab:

Josef Smrovsky

Das Opfer: Anni Langel

ncherlei Gedanken MIT DEM TODE RINGT dieser argentinische F
thony Mann ballian. sehkamera

Wieder da: Bi

Georges
TANJ
80 000 Arb

Demilitarisierte Zone

MEERESFORSCHER JACQUES PICCARL Augenzeugen
jagt James Ray Karel Gott tauft „Die Anderen"

Welten aufeinander: die frohe und lebensbejahende des Spo
Sidney Poitier und Katherine Houghto
pyrignt DIE WELT) *Ein Sicherheitsbeamter (Hans Schwarz)* **Unglückshau**

Giorgio de Chirico: „Die zwei DAS LÖSCHEN EINES GROSSBRAND
erzerrte Gesichter beim Handball: **hier überflüssig sind (Bild).**
Das letzte Foto von Rolf Meie mier
Völlig auseinandergerissen: *GEGEN DEN TERROR DER NIHILISTEN*
zeigt
n Pas- nstiefel **DIE SCHWESTER DES ATTENTÄTERS**
trud Haffer (19, ganz rechts) **Tochter Susanne (12)**
PI Wir werden das Kind schon richtig schaukeln
sone Wer ist dieser To **Verlassen: Antonios Brau**

Fernando
Poo — Ri
Muni

vor dem Kruzifix als Schlag- Tod verurtei *Brautschuhe aus*
zurück." B i l d **Streit zwischen Daumen und Zeigefinger** *Halberstadt —*
einmal sinnvolle Demonstrationen (unsere Bilder)

1:1. Soskic erreicht trotz akro-
batischer Aktion den Ball nicht

tot!

deutschland — das heißt die Terrorhersch
geben nur einen sehr verdünnten Eindruck von de
or Hap, widerlich anzusehen, lierenden Jugend
Melina Mercouri auf bundes- der Polizei Zünds
zehnten träumt vom toten Heide. **Nur sein Hund ka**
Regierung stürzen. Bundesde
ssieren", sie woll——— vermeinten sie zu sein und sind doch nur einfäl
Dafür demonstrieren sie. Ihre Sache ist gerecht. **BERGE VON MÜLL**
Gefaßt: J. E. Ray (40) bemüht sind die meisten Pressefotografen mög
belichten

25

Die Reizwörter

Dem mutmaßlichen Verbrecher wird im Verhör eine
Anzahl von Wörtern zugerufen
von denen einige dann in dem Geständnis vorkom-
men müßten:
zuckt der Verdächtige jetzt zusammen
oder fährt er auf
oder – noch schlimmer – verhält er sich auf diese
Wörter gleichgültiger
als auf die gleichgültigen anderen Wörter
so haben die Verhörspersonen
einen halben Schuldbeweis:
die Wörter
die das Verbrechen betreffen
sind Reizwörter für den Schuldigen
sind
wenn sie sich als Reizwörter für den Beschuldigten
erweisen
Schuldwörter:

Reizwörter sind
Traumwörter:
das heißt:
Schamwörter –
Schmachwörter –
Geisterbahnwörter:

das heißt:
Wörter für Schlaflose
für Zeitfahrer
für Ortsfremde
für draußen Vorbeigehende
für Politiker an Fabrikstoren
für Bäcker um drei Uhr in der Nacht
für ausgebrochene Sträflinge die sich noch nicht um-
ziehen konnten
für Wünschelrutengänger deren Muskeln zu müde
sind in der Erde die Reizzonen zu finden:

ein Verzweifelter nimmt sich das Leben
nachdem er das Wort
GOLDHAMSTER
gehört hat
während ein anderer Verzweifelter
nachdem er das Wort
SONNTAGMORGEN
gehört hat
sich nur die Krawatte straffer zieht
während ein anderer Verzweifelter
nachdem er das Wort
WINDSCHATTENFAHREN
gehört hat
plötzlich mit der Welt wieder eins ist:

GOLDHAMSTER
SONNTAGMORGEN
WINDSCHATTENFAHREN

Und jemand
der sich oft verkriechen möchte
zuckt
als er das Wort
PROMINENTENFLUGPLATZ
das Wort
SZENENAPPLAUS
das Wort
JAGDZIMMER
hört
schuldbewußt zusammen –
und jemandem
den es oft ekelt
würgt es in der Kehle
als er die Wörter
MEHRZWECKTISCH
FILZSCHREIBER IN APPENZELL
VERSÖHNUNGSKIRCHEN
hört –
und jemand
der oft vor Wut
außer
sich
ist
möchte
als er die Wörter
WRACK
KÖSTLICHER JAHRGANG
RENTENMARKT
hört
worttaub sein:

RENTENMARKT
KÖSTLICHER JAHRGANG
WRACK
VERSÖHNUNGSKIRCHEN
FILZSCHREIBER IN APPENZELL
MEHRZWECKTISCH
JAGDZIMMER
SZENENAPPLAUS
PROMINENTENFLUGPLATZ:

das Reizwort des Streifenbeamten ist
QUERSCHLÄGER
das Reizwort des Fußballverteidigers ist
EIGENTOR
das Reizwort des Sterbenden ist
LEISE
das Reizwort des Tobsüchtigen ist
WUNSIEDEL
das Reizwort der Schwangeren ist
TOPFLAPPEN
das Reizwort des Mörders ist
LUFTZUG
mein Reizwort ist
jedes Wort
jedes Wort
ist ein Reizwort:

URABSTIMMUNG
ROTKÄPPCHEN
MEHRFAMILIENHAUS
RESTPOSTEN

GÄNSEKLEIN
FREIWILLIG
NIEMANDSLAND
WÜHLMAUS
SCHLICK
LAVA
ÄTZEN
WENN
WO
NOVARA

26

Geschichtslügen

Dass
im Frühjahr das Gras neben den Eisenbahnschienen;
im Sommer der Wald in Kalifornien und an der
Côte d'Azur;
im Herbst die Kartoffelstauden;
im Winter Invaliden in ihren Betten;
das ganze Jahr über Tankwagenfahrer verbrennen;

Dass
der Operierte, kaum aus der Narkose erwacht,
schon wieder Witze reißt;
ledige Mütter in Häusern mit Gasheizung wohnen;
vor den Verfolgern im Radrennen die Bahnschranken
niedergehen;
die Bosse der Cosa Nostra im Hinterzimmer sitzen;
der Absturz des Flugzeugs von einem Bauern auf
dem Feld beobachtet wird;

Dass
der Ringer Zebra Kid, im Ring gefürchtet, privat
ein gutmütiger Riese ist;

Dass
Nobby Stiles, Verteidiger von Manchester United,
auf dem Fußballplatz gefürchtet, außerhalb des Fußballplatzes keiner Fliege etwas antun könnte;

DASS

in den USA Eispickel Mordwerkzeuge sind;
die reiche Erbin kinderlos ist;
der Polizeispitzel feuchte Hände hat;
der Ehemann der Gebärenden vor dem Kreißsaal
                                        auf und ab geht;
der Mörder des Taxifahrers ein Fahrgast mit dunkler
                                        Hautfarbe ist;
die Sternschnuppen von Kurgästen bestaunt werden;
der KZ-Wächter ein Hundeliebhaber ist;
in Burma die Fähren kentern;
in Montenegro die Autobusse verunglücken;
in Buenos Aires die Fußballzuschauer einander
                                        zertrampeln;

DASS

die geschändete Küchenhilfe auf einem Kohlenhaufen
                                        im Keller hockt;
die Zapfer in den Stehbierhallen gewalttätig sind;
von Straßenbahnen vor allem die Rentner erfaßt
                                        werden;
die Hilfsarbeiter mit russischen oder polnischen Namen in einer Kammer über dem Kuhstall wohnen;
die Straße, wenn der Lastwagen umstürzt, voller
                                        Orangen ist;

DASS

der Sittenstrolch vor der Entlarvung als gutsituierter
Bürger mit guten Umgangsformen gegolten hat und
der Attentäter von seinem Arbeitgeber als fleißig /
gutmütig / unauffällig bezeichnet wird und der Hei-
ratsschwindler feingliedrige Hände hat;

DASS

die Arbeiter beim Mittagsschlaf in der Betontrommel;
die alten Radfahrer auf dem Rad;
die verletzten Schifahrer auf dem Weg ins Tal;
die Kleinkinder in unbewachten Momenten sterben;

DASS

in Metz noch mit dem Fallbeil hingerichtet wird;

DASS

in Wochenendhäuschen eingebrochen wird;
der Erpresser am Telefon eine sanfte Stimme hat;
Vertreter den Fuß zwischen die Tür schieben;
Ertrunkene in Flüssen sofort abgetrieben werden;

DASS

die Kirschen Kerne haben;
daß gegen Abend der Wind weht;
daß die Hängematten hin und her schwingen;
daß die Wasserläufer übers Wasser laufen;
daß die Orgel Orgel spielt;
daß die bewegliche Habe beweglich ist;
daß Zahnlose zahnlos sind;
daß Straßen Wege sind;
daß Wege Wege sind;
daß Fischgräten Gräten sind;
daß Wörter wie »Gekreische« und »Lebkuchen«
          GEKREISCHE und LEBKUCHEN bedeuten –:
das alles –

das ist alles –
das alles ist alles –
das alles ist alles nicht alles nicht wahr.

Denn die Zapfer in den Stehbierhallen sind
      Heiratsschwindler mit feingliedrigen Händen.
Denn die Augenzeugen des abstürzenden Flugzeugs
                     sind Kurgäste.
Denn die Arbeiter sterben auf Kohlenhaufen
              im Keller.

Einige Alternativen in der indirekten Rede

TATEN seien die Alternativen zu WORTEN
so wie ICH die Alternative zu IHM sei
oder wie WIR die Alternative zur UNTERDRÜCKUNG
                                            seien
oder wie DU die Alternative zur LEEREN WOHNUNG
                                            seist:

WORTE wieder, sagt man, seien die Alternative
                                    zum DENKEN
so wie VERHANDLUNGEN die Alternative zum KRIEG
                                            seien
oder wie der WIRKLICHKEITSSINN die Alternative
                        zum UNVERBINDLICHEN SPIEL sei
oder wie die SCHÄDLINGSBEKÄMPFUNG die Alternative
                    zum KARTOFFELKÄFER sei:

DAS DENKEN wieder soll, berichtet man, die
                    Alternative zu den TATEN sein
so wie DIE STICKIGE LUFT eine Alternative zu denen
            sein soll, DIE FÜR REINE LUFT SORGEN
oder wie DIE ANARCHIE die Alternative zum GUTEN
            WILLEN ALLER BETEILIGTEN sein soll
oder wie die Alternative zum KLEINEN FINGER GAR
                    NICHTS sein soll:

Die Alternativen, könnte man also sagen, stellten
                              zwei Worte zur Wahl /
die Alternativen bestünden aus Worten /
die Worte behaupteten, schon als Worte, was
                              SEIN SOLLE /
die Alternativen stellten zwei Worte zur Wahl, von
denen eines SEIN SOLLE, damit das andre NICHT SEI /
die Alternativen stellten sich als Worte zur Wahl, die
dadurch, daß Worte, schon als Worte, behaupteten,
was SEIN SOLLE, schon zwischen zwei Worten keine
                              Wahl mehr zuließen /
wenn WORTE die Alternative zum DENKEN wären,
wie die Alternativen, die WORTE seien, behaupteten,
weil sie WORTE seien (und Worte *behaupteten*), –
so wären die Alternativen, die, schon als WORTE, behaupteten, was SEIN SOLLE, die geeignete Schädlings-
                              bekämpfung der GEDANKEN:

PARIER oder KREPIER!

28

Das Rätsel vom 17. August 1968

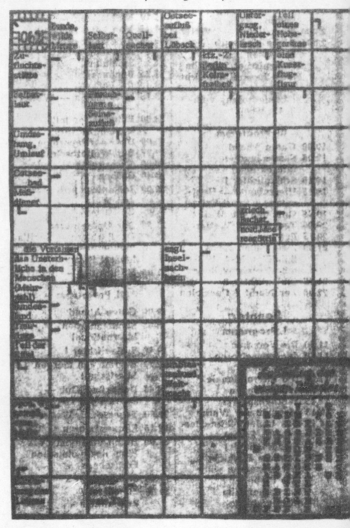

Die Wortfamilie

Rocco
der Einzelgänger von Alamo
läuft dem Banditen in die Schafhürde nach:
sein Faustschlag wirft den Banditen
auf die Schafe
die in einer Ecke der Hürde zusammengedrängt sind:
die Schafe stieben wirr auseinander:
Einzelgänger gegen Einzelgänger
in einer Hürde
unter einer Herde
von erschreckten Schafen

Ein Hubschrauber verwechselt eine Herde von /
Schafen
mit einem Landeplatz;
Herden von /
Schafen oder Rindern auf Schienensträngen
verursachen Zugkatastrophen;
im Umkreis um ein in den Bergen verunglücktes Flug-
zeug werden auch die Kadaver eines Rudels von /
Gemsen
gefunden;
ein Schwarm von /
Hornissen
dient als Waffe im Dschungelkrieg;

eine Horde von /
Radaubrüdern
legt den Verkehr lahm;
ein Ordnungshüter greift sich den Hauptschreier
aus einer Rotte von /
Aufwieglern;
ein Klüngel von /
Verbrechern wird unbarmherzig ausgerottet;
eine Kette von /
Warenhäusern wird neugegründet;
eine Riege von /
Turnern
tritt auf das Siegespodest;
eine Runde von /
fröhlichen Zechern
sitzt rund um den Tisch;
der Sturm schmeißt eine Faust von /
Hagelkörnern
gegen die Stallfensterscheiben;

ein Ring von /
Filialen;
ein Strauß von /
Wünschen;
eine Batterie von /
Bierflaschen;
eine Versammlung von /
ewig Unzufriedenen;
ein Schock von /
Landeiern;
eine Meute von /

Verfolgern;
ein Hagel von /
Steinen;
eine Kompanie von /
Opferbereiten;
eine Serie von /
Volltreffern;
ein Kreis von /
Gleichgesinnten;
ein Schwarm von /
Panzern;
ein Knäuel von /
Ertrunkenen;
eine Kolonie von /
Blattläusen;
eine Flucht von /
Zimmern;
ein Rattenschwanz von /
Beschwerden;
eine Masse von /
Fußballtoten:

eine Runde von /
Bankräubern
läßt einen Schwarm von /
Butterbrotpapier
vor dem Tresor zurück;
eine Horde von /
Eheleuten
will es noch einmal miteinander versuchen;
Trauben von /

Siebenmonatskindern
werden in Fluchten von /
Brutkästen
gelegt;
der Ringer wendet eine Kollektion von /
Nasengriffen
an;
ein Meer von /
Bußsakramenten
wird ausgeteilt;
eine Meute von /
Nebelscheinwerfern
zerbricht;
ein Hagel von /
Sterbezimmern
wird ausgeräuchert;
eine Lawine von /
Türen
wird zugeschlagen;
eine Rotte von /
Papiersäcken
platzt;
ein Kreis von /
Eingekreisten
ergibt sich;
ein Kränzchen von /
Trichinen
wird zu Schweinefett verkocht;
eine Prozession von /
Betrunkenen
erstickt im Waschtrog;

ein Schock von /
feuchtem Schnee
klatscht nieder auf die Rudel /
der Lebenden
und die Horden /
der Toten:

August
dem Weltumsegler
kommt auf einem steilen Bergweg
in einer Kurve
eine Herde von /
Schafen entgegen:
drängt und schiebt ihn vom Weg aus der Kurve
                                        heraus:
stürzt mit ihm in den Abgrund:
der Weltumsegler geht zugrunde
in einer Herde /
in einem See /
in einer Horde /
von schrecklichen Schafen

Der Rand der Wörter 2

Wir sitzen am Rand des Feldwegs und reden.
Die größte Not ist lange vorbei, denn am Gletscherrand lagern die Leichen ab.
Wer steht am Rand des Feldes, am Rand des Highway? – Cary Grant!
Am Grubenrand liegt, vom Spaten gespalten, ein Engerling.
Der Rand des Schmutzflecks trocknet schon.
Es wird bitter kalt, und dem Captain Scott fängt die Wunde vom Rand her zu eitern an.
Am Rand der Erschöpfung reden wir alle in Hauptsätzen.
Von den schmutzigen Taschen des Toten haben die Fingernägel des Plünderers einen Rand.
Wir sitzen am Rand des Feldwegs, am Rand des Feldes, und reden, und reden.
Wo der Rand der Wörter sein sollte, fängt trockenes Laub an den Rändern zu brennen an, und die Wörter krümmen sich unendlich langsam in sich selber:
»Diese Trauerränder!«
Dieser Rand der Trauer.

Da sitzt etwas auf dem Papier

† Um den Toten trauern:

Der Aufsichtsrat und der Vorstand der Daimler-Benz
Aktiengesellschaft
Der Aufsichtsrat und der Vorstand der Wintershall
Aktiengesellschaft
Der Aufsichtsrat und der Grubenvorstand der
Gewerkschaft Ölraffinerie Emsland
Der Aufsichtsrat und die Geschäftsführung der Erd-
ölraffinerie Mannheim, Gesellschaft mit beschränkter
Haftung
Die Varta Aktiengesellschaft in Frankfurt am Main
Die Aktiengesellschaft der Kammgarnspinnerei
Stöhr & Co, Krefeld.

Die Gesellschaft für Handel und Grundbesitz mit
beschränkter Haftung, Elmshorn
Die Gesellschaft für Industriewerte mit beschränkter
Haftung, Neuß
Die Gesellschaft für Erdbewegung mit beschränkter
Haftung, Wattenscheid
Die Gesellschaft für Marktfragen mit beschränkter
Haftung, Königswinter
Die Gesellschaft Schlaraffia E. V., Würzburg.

Der Bund Deutscher Forstmänner E. V., Goslar
Der Bund der Notgemeinschaft ehemaliger
Arbeitsdienstangehöriger E. V., Itzehoe

Der Bund hirnverletzter Kriegsopfer E. V.,
Neustadt an der Weinstraße
Der Bund der Berliner und Freunde Berlins E. V.,
Leverkusen
Der Bund der Kriegsbeschädigten und Hinter-
bliebenen Deutschlands E. V., Eßlingen.

Die Gesellschaft für christliche Kultur E. V.,
Remscheid
Das Deutsche Institut für jagdliches und sportliches
Schießwesen E. V., Hamm
Der Verein Deutscher Bleifarbenfabrikanten E. V.,
Detmold
Der Verein zur Förderung der sozialen Marktwirt-
schaft in Nordrhein-Westfalen, Köln.

Der Verband Deutscher Lesezirkel E. V., Berlin
Der Verband Deutscher Soldaten für das Land
Niedersachsen E. V., Hameln
Der Verband der Fassondrehteile- und
Blankschraubenindustrie E. V., Duisburg
Der Verband Deutscher Kältefachleute E. V.,
Bamberg.

Die Vereinigung der Opfer des Stalinismus,
Braunschweig
Die Vereinigten Kugellagerfabriken
Aktiengesellschaft, Wolfsburg
Die Vereinigung der aus der Sowjetzone verdrängten
Lehrer und Beamten, Furth im Wald.

Die Deutsche Jugend des Ostens, Landesgruppe
Baden-Württemberg
Die Deutsche Schutzvereinigung für Wertpapier-
besitz, Düsseldorf
Die gemeinnützige Deutsche Wohnungsbaugesell-
schaft Freies Volk, Gesellschaft mit beschränkter
Haftung, Karlsruhe.

Die Deutsche homöopathische Union, Bad Godesberg
Die Deutsche Lebensrettungsgesellschaft, Trier
Das Deutsche Nationale Komitee der Weltkraft-
konferenz für die Bundesrepublik, Darmstadt.

Der Reichsbund der Körperbehinderten-Selbsthilfe
Der Ring Deutscher Hausbesitzer
Die Deutsche Polizei.

Die Deutsche Treuhandgesellschaft
Der Ring Deutscher Makler.

Die Deutsche Auskunftei.

u. v. a.

33

Erschrecken

Beim Telefonieren, als ich im Nacken einen Luftzug
                                                spüre,
steht plötzlich niemand hinter mir, und ich
                                        erschrecke;
im Bad, unter der Dusche, steht plötzlich niemand
                        hinter mir, und ich erschrecke:

– erschrecken:
über das auf den Steinboden fallende Geschirr, das
                                        aus Holz ist
über die Spielkarten, die alle in das Etui passen
über die Stufe, die dem Schild ACHTUNG STUFE folgt:

erschrecken über etwas, auf das man gefaßt ist, und
über etwas erschrecken, auf das man nicht gefaßt ist,
und über etwas erschrecken, auf das man nicht gefaßt
ist, weil man gefaßt war, über etwas *anderes* zu erschrecken, und über *nichts*, weil man gefaßt war, über
etwas zu erschrecken, erschrecken:

– erschrecken:
über den an der Scheibe herunterlaufenden Tropfen
                erschrecken, der plötzlich stehenbleibt
über den Ball erschrecken, der vom Lastwagen *nicht*
                                        überfahren wird

über die Türklinke, an der die Hand *nicht* abrutscht,
erschrecken
und über die zufallende Tür, die man noch vor dem
Einschnappen erreicht, erschrecken

– erschrecken über jede Zeitung, aus der keine
Beilage fällt
über jede Haarsträhne im Gesicht, die keine
Schnittwunde ist
über das Nichtausgleiten auf dem Eis erschrecken
über das Nichtdrücken der neuen Schuhe erschrecken
über das Nichtverschlossensein der fremden Tür
erschrecken:

– erschrecken: wenn ein Schlag einen anderen trifft
wenn man beim Aufspringen auf den
Zug nicht ausgleitet
wenn der Uniformierte, der auf einen
zulief, an einem vorbeiläuft:

– erschrecken darüber, daß ein Stein, den man in
einen Brunnen wirft, auf Grund trifft
darüber erschrecken, daß ein tollwütiger Hund durch
einen Zaun von einem getrennt ist
erschrecken darüber, daß ein eben zusammengerolltes
Papier sich von selber wieder entrollt
darüber erschrecken, daß die Hand die Fliege
gefangen hat
darüber, daß der nackte Fuß im Finstern auf keinen
Nagel tritt, erschrecken:

– Was für ein Schrecken!:
Der Mantelzipfel bleibt nicht in der Falltür hängen!
Die senkrecht gestellte Zigarette fällt nicht um!
Die Kastanie platzt nicht im Feuer!
Das Getreidefeld ist nicht niedergewalzt!
Die Augen des Pferdes sind frei von Fliegen!
Die Brücke ist nicht gesprengt!
Im Keller ist noch kein Rattengift gestreut!
Was für ein Schrecken!

– *Welcher* Schrecken?
Der Schrecken, der *nicht* eintritt, und der Schrecken,
der *noch* nicht eingetreten ist, und der Schrecken, der
eingetreten *ist* und wieder eintreten *wird*, und der
Schrecken, der *hier* nicht eintreten, und der Schrecken,
der *jetzt* nicht eintreten kann, und der Schrecken, für
dessen Eintritt gesorgt ist, und der Schrecken, der nur
gedacht werden kann, und der Schrecken, der *nicht*
gedacht werden kann, und der Schrecken darüber,
daß ein Schrecken nicht gedacht werden kann, und
der Schrecken über den Schrecken, der nicht mehr
schrecken kann:

– der Schrecken über jedes Grundstück, auf dem noch
                    keine Selbstschüsse aufgestellt sind:

– »Dieser Randstein ist noch nicht umgefahren!«
»Dieses Plakat ist noch nicht abgefetzt!«
»Diese Juwelierscheibe ist noch nicht zertrümmert!«
»Dieses Auto ist noch nicht umgeworfen!«
»Dieser Pflasterstein ist noch nicht ausgegraben!«

»Dieser Grenzstreifen ist noch nicht vermint!«
»Über diesen Kopf ist noch kein Nylonstrumpf
gezogen!«
»Diese Telefonzelle ist noch nicht ausgebrannt!«
»Bei diesem Knall fliegt niemand durch die Luft!«
»Bei diesem Pfiff erscheint kein Polizeiauto!«
»Dieser Briefmarkenautomat gibt noch Briefmarken
heraus!«
»Von diesem Untergetauchten sieht man noch
Luftblasen!«
Was für ein Schrecken!
Was für ein Schrecken! –

– Erschrecken:
über alles Genießbare, an dem sich noch kein
Preiszettel befindet
über jede Bank, die noch nicht ausgeraubt ist
über jedes Foto, auf dem noch keine gestrichelte Linie
eingezeichnet ist
über jeden Laden, der noch nicht wegen Todesfall
geschlossen ist
über jede Mücke auf dem Arm, die nicht zusticht
über jeden unterirdischen Gang, der noch nicht
eingestürzt ist
über jeden Plünderer, der mit dem Teppich bis zum
Lastwagen kommt,
erschrecken:

– erschrecken über jeden *verfrühten, verspäteten*
Schrecken:

– »Wie furchtbar – dieser Pilz bewirkt keine
                                    Krämpfe!«
»Wie entsetzlich – dieses Wort verletzt nicht!«
»Wie grauenhaft – dieser Ballon platzt nicht!«
»Wie schrecklich – dieses Grün ist nicht giftig!« –

– Der Verdurstende sieht, daß die Flasche noch nicht
                                    leer ist;
Der Verirrte geht noch immer auf festem Boden;
Der Angegriffene sieht, daß der Angreifer die Faust
                          noch nicht geschlossen hat –
– wie sie erschrecken!
– wie sie erschrecken!

– erschrecken:
über jede leere Falle
über jedes leere Stadion
über jedes leere Unterholz –

– über jeden Ort, der sich auch in Wirklichkeit dort
befindet, wo ihn die Landkarte eingezeichnet hat –
erschrecken
erschrecken
erschrecken:

»der« – oh nein!
»die« – oh nein!
»das« – oh nein!

– erschrecken über *erschrecken*
erschrecken über *nicht* erschrecken

erschrecken über *sich freuen*
sich freuen über *erschrecken:*

– »Diese Lottokugel fällt ins Glas!«
»Dieses Loch im Eis hat nichts zu bedeuten!«
»In diesem Maisfeld hält sich niemand versteckt!«
»Diese Wüste ist eine Fata Morgana!«

34

Zeitmaße, Zeiträume, Ortszeiten

Wieviele Straßenschluchten dauert es /
bis die Nacht vorbei ist?

Josef Merz, Bäcker, stirbt. /
Herr Josef Merz, Bäckermeister, ist gestorben.

Wieviele Fenster könnte man schließen /
bis ein Boxer ausgezählt ist?

Um etwas zu erleben /
trete ich hinaus in den Flur:
ich mache die Tür zum Flur *auf* /
und mache im Flur die Tür zum Zimmer zu /
und mache im Flur die Tür zum Zimmer auf /
und mache im Zimmer die Tür zum Flur zu:
indem ich /
um etwas zu erleben /
in den Flur hinaustrat /
habe ich /
das Hinaustreten lang /
erlebt /
daß ich hinaus in den Flur trat.

Um etwas zu erleben /
schaue ich vom Knüpfen des Schuhbands auf:
ich schaue einen Strick voll Wäscheklammern an:

einige Wäscheklammern lang schaue ich den Strick
                                        voll Wäscheklammern an:
das Knüpfen des Schuhbands lang schaue ich die
                                                Wäscheklammern an:
einige Wäscheklammern lang /
knüpfe ich /
das Schuhband zu.

Wieviele Maiskolbenpfeifen werden geraucht /
bis das Märchen zuende erzählt ist?
Wieviele Freudensprünge werden getan /
bis der Fröhliche still stehen muß?
Wieviele Geisterstunden gehen vorbei /
bis das Fürchten endlich verlernt ist?

(Wieviele Fliegen lang steht das Pferd in der Sonne?
Wieviele Stufen lang dauert die Verfolgung des
                                        Kirchenschänders?
Wieviele Notdurften lang fährt der Gastarbeiter hin
                                in das Gastgeberland?
Wieviele Eisschollen lang läuft der Hase hinaus auf
                                        das Meer?
Wie lang dauert das Sterben auf der Stelle?)

Um etwas zu erleben /
esse ich ein Stück Torte:
indem ich an das Essen der Torte denke /
schaue ich auf vom Essen der Torte:
das Denken an das Essen der Torte lang /
esse ich die Torte:
das Essen der Torte lang /

denke ich an das Essen der Torte /
: aber das Umsinken der Torte lang /
(nachdem ich an das Essen der Torte *gedacht* habe,
ohne auf das Essen der Torte zu *schauen*)
muß ich an das Umsinken des dicken Bäckers denken:
das Denken an den umsinkenden Bäcker lang /
esse ich nicht von der Torte:
das Umsinken des dicken Bäckers lang /
esse ich nicht von der Torte:
das langsame Umsinken des Bäckers lang /
sinkt die Torte /
langsam rückwärts um /
auf den Teller.

»Wie spät ist es?«
Philip Marlowe wird zum zweiten Mal von der
                                        Polizei verprügelt.
»Wie spät ist es jetzt?«
Cliff Richard küßt Massiel zum dritten Mal auf die
                                        Wange.
»Wie spät ist es jetzt?«
Der russische Fotograf fotografiert das vierte
                                        ausgeschlüpfte Küken.
»Wie spät ist es?«
Marlowe verprügelt den Polizisten.

»Achtzehn Stockwerke später«:
Ich sehe die Schlange für die Dauer eines Bisses.
Der Dreivierteltakt dauert das Wort RIESENRAD lang.
Ich war in dem Film »Die Pagode zum fünften
                                        Schrecken«.

Memphis ist ein Zeitmaß.
Die Sowjetunion legt ihr hundertfünftes Veto ein.
Die Nacht dauert von der ersten bis zur
                        hundertsechsundzwanzigsten Straße.

35

WARNER BROTHERS UND SEVEN ARTS
zeigen:

WARREN BEATTY

FAYE DUNAWAY

in

BONNIE UND CLYDE

in weiteren Hauptrollen

GENE HACKMAN
ESTELLE PARSONS
DENVER PYLE
DUB TAYLOR
EVANS EVANS
GENE WILDER
sowie
MICHAEL J. POLLARD
als
C. W. MOSS

Bauten:
Dean Tavoularis

Kostüme:
Theadora van Runkle

Ton:
Barry McDowell

Spezialeffekte:
Burgess Meredith

Spezialberatung:
Ray Stark, M. A.

Scriptüberwachung:
Diane Caroll

Produktionsüberwachung:
Lloyd Griggs

Make-up von Miss Dunaway:
Julia Warren

Garderobe von Miss Dunaway:
Elvell & Scott, New York

Schnitt:
Georgia B. Hart

Drehbuch:
DAVID NEWMAN
ROBERT BENTON

Kamera:
BURNETT GUFFEY, A. S. C.

Musik:
CHARLES STROUSE

PRODUKTION:
WARREN BEATTY

REGIE:
ARTHUR PENN

Ein Farbfilm in
TECHNICOLOR

36

Die unbenutzten Todesursachen

Indem ich mit mir selber wette, betrete ich blindlings
den Liftschacht – aber der Aufzug ist da: habe ich die
                                        Wette verloren?
Ich lasse es darauf ankommen und gehe im Herbst
durch den Wald – aber die Treibjagd ist schon zuende:
                        auf was habe ich es ankommen lassen?
Ich nehme mich zusammen und gehe über die Straße –
aber alle Fahrzeuge fahren an mir vorbei: welchen
                        Sinn hatte es, daß ich mich zusammennahm?

Wenn ich im Fleischerladen bin, gelten die Beilhiebe
                                        nicht mir.
Wenn ich die Starkstromleitung berühre, trage ich
                        Schuhe mit Gummisohlen.
Wenn ich mich aus dem Fenster beuge, ist die
                                Brüstung zu hoch.
Wenn ich stolpere, stolpere ich auf dem Erdboden.
Wenn ich falle, falle ich glücklich.
Wenn ich auf dem Gerüst stehe, ist das morsche Brett
                        schon entfernt worden.
Wenn ich mit der Schußwaffe spiele, sind meine
                                Finger zu ruhig.
Wenn ich auf die Schlange trete, ist die Schlange
                                schon tot:

Es nützt nichts, daß ich in kochendes Wasser falle –
es ist nur ein Traum.
Es schadet nichts, daß ich von Kannibalen gegessen
werde – ich bin nur die Figur eines Witzes.
Es tut nichts zur Sache, daß mir der Kopf von einem
Gorilla abgebissen wird – ich bin nur der Held einer
Geschichte.

Während die Stricknadel unbenutzt im Wollknäuel
steckt,
während die Rasierklinge unbenutzt neben dem
Waschbecken liegt,
während das Pflaster unbenutzt tief genug unter mir
liegt,
während der Lastwagen unbenutzt gegen die Mauer
zurückstößt,
während die Tür des Kühlschranks unbenutzt zufällt,
während die tödliche Dosis unbenutzt dort im
Schrank steht,
während anderswo unbenutzt tödliche Kälte herrscht,
während anderswo Feuer unbenutzt niederbrennt,
während Felsblöcke woanders aufschlagen,
während
zum Töten Ermächtigte woanders andere töten,
während nicht zum Töten Ermächtigte woanders
andere töten,
während andere zum Töten Ermächtigte woanders
andere zum Getötetwerden Verpflichtete töten und
während woanders andere zum Getötetwerden Verpflichtete andere zum Töten Ermächtigte töten,

während
Messerspitzen,
Axtschneiden,
Gammastrahlen,
scharfkantige Steine,
rasende Eisenbahnen,
Straßenwalzen,
Gletscherspalten,
rotierende Propeller,
Treibsand,
giftige Pilze,
giftiger Schimmel,
tödliche Spinnen auf Bananen,
flüssiger Stahl,
Minenfelder,
kochendes Pech,
ausströmendes Gas,
tiefes Wasser
unbenutzt sind,

stehe ich hier, auf *meinem* Platz,

einen Schritt zu weit weg von der Bananenschale,
mehr Schritte zu weit weg vom rotierenden Propeller,
noch mehr Schritte zu weit weg von der Spitze des
        Holzpflocks, der in die Erde gerammt wird,
noch mehr Schritte zu weit weg von der Spitze des
        Brieföffners, der neben mir liegt,
am meisten Schritte zu weit weg vom Liftschacht, der
leer ist –

und atme nicht ein
und atme nicht aus
und rühre mich nicht vom Fleck.

37

Rollen

Der Singmeister Mazetti.
Lilly, ein Mädchen.
Er selbst, der Herr Amtsgerichtsrat.
Der Affe Mamok.
Der Sesselträger Rot.
Franz, Kellner.
Die Gattin des Ingenieurs aus dem dritten Stock links.
Ein Buffetier im Zirkus.
Flora Baumscheer.
Eine Gnädige Frau.
Mann hinter der Hecke.
Der Baron mit dem Trauerflor.
Baruch, Handelsjude.
Eine Dame aus Bern.
Ein Streckengeher.
Abnormitäten und Oktoberfestleute.
Zwei Näherinnen.
Genien. Gäste. Livreebediente. Bauern.
Volk.

38

Die Innenwelt der Außenwelt der Innenwelt

»Wir«:

Erst als der Erschossene abtransportiert wird
erkennen wir
an den großen runden Nagelköpfen
an der Schuhsohle des Erschossenen
daß dieser unschuldig war

Wir sind in Nashville in Tennessee:
aber als wir das Hotelzimmer betreten
und die Nummer des PLAYBOY
mit dem zum Teil sichtbaren schimmernden

                                  Naseninnern
der Ursula Andress
angeschaut haben
greift
– statt der Ratlosigkeit darüber
daß wir in Nashville sind –
das Naseninnere der Ursula Andress um sich

Wir gehen nach Prag:
dort ist es gegen neun Uhr am Abend
wir lesen von der Zeit der Stille auf den Straßen
aber als wir um neun Uhr auf die Straße treten
ist es höchste Zeit

für den letzten Versuch
ohne Gesellschaft zu bleiben

Wir befinden uns in einem Warenhaus:
wir wollen die Rolltreppe benutzen
um in die Spielwarenabteilung zu gelangen
wo wir Bauklötze kaufen wollen
aber da die Rolltreppe im Augenblick steht
verwandelt sich die stehende Rolltreppe
auf der wir nach oben gehen
in unseren angehaltenen Atem
und der angehaltene Atem
den wir jetzt ausstoßen
weil sich die Rolltreppe plötzlich wieder bewegt
stürzt zusammen zu einem Haufen von Bauklötzen –

Wir gehen in uns:
dort ist es
wenn wir wütend sind
spät am Nachmittag wie in einem Tatsachenbericht
                                über ein Attentat:
wenn wir müde werden
lassen uns dort die lückenlos hängenden Schlüssel an
                         einem Hotel-Schlüsselbrett
die Augen zufallen:
mit dem Mond geht dort
die Besänftigung auf:
das Erstaunen verwandelt sich in ein weißes Tuch
das nach Feierabend die Süßigkeiten in einer
                                  Konditorei
bedeckt:
und mit der Scham

überfällt uns dort der Akrobat im Zirkus
der nach seiner mißglückten Nummer mit dem
                                        strahlenden
Lächeln die Arme ausbreitet –

Als wir einmal sorglos sind
sehen wir einen Waldläufer in einem blauen
                                        Trainingsanzug
an uns vorbeilaufen
aber dann sehen wir
daß der Waldläufer eine Straße hinunterläuft:
weil wir nicht mehr sorglos sind;
und sehen schließlich
daß der Waldläufer nicht in einem Trainingsanzug
                                        die Straße
hinabläuft
sondern in einem langen Mantel
der ihn beim Laufen behindert:
weil wir unruhig sind;
und sehen dann
während wir uns im Zug aus den Fenstern lehnen
wie der Waldläufer im blauen Trainingsanzug uns
                                        zuwinkt:
zum Zeichen
daß wir wieder sorglos sind –

Die Beklemmung verwandelt sich in eine grüne
                                        Ampel
auf die wir zugehen
während sie noch grün ist
und die gelbe Ampel

auf die wir zulaufen
schaltet um auf das Schaufenster eines
                                    Lebensmittelladens
an einem Feiertag
und im leeren Lebensmittelladen verwandelt sich die
Wurstschneidemaschine in einen vollbesetzten Lift
in dem wir mit zu Boden geschlagenen Augen fahren
wenn wir verlegen sind –:

Nennen wir also die Schuldlosigkeit
Nagelschuh
die Ratlosigkeit
Hotelzimmer
die Ausweglosigkeit
neun Uhr
die Unschlüssigkeit
eine stehende Rolltreppe
die Scham
einen vollbesetzten Lift
und die Geduld
eine Platzanweiserin im Kino
die im Finstern mit einer Schachtel zwischen den
                                    Händen
neben der Leinwand wartet
bis das junge Mädchen auf der Leinwand
die Ware angeboten hat
die die ältliche Platzanweiserin
voll Scham
wenn es hell geworden ist
als wäre sie in einem vollbesetzten Lift
jetzt uns anbieten wird

oder umgekehrt
oder umgekehrt –

Wir betreten unser Bewußtsein:
wie in einem Märchen ist es dort früher Morgen
auf einer Wiese im Frühsommer:
wenn wir neugierig sind;
wie in einem Western ist es dort Mittag
mit einer großen ruhigen Hand auf der Theke:
wenn wir gespannt sind;
wie in einem Tatsachenbericht über einen Lustmord
ist es dort früher Nachmittag
in einem schwülen Spätsommer
in einer Scheune:
wenn wir ungeduldig sind;
wie in einer Rundfunknachricht
überschreiten dort gegen Abend fremde Truppen die
                                                Grenze:
wenn wir verwirrt sind;
und wie in der tiefen Nacht
wenn ein Ausgehverbot verhängt ist
breitet sich dort die Stille der Straßen aus
wenn wir uns vor niemandem äußern können –

Jemand sieht so viele Gegenstände
daß ihm die Gegenstände gleichgültig werden –
jemand sieht so viele gleichgültige Gegenstände
daß er nach und nach sich selber aus dem Bewußtsein
                                                verliert –
dann sieht er einen Gegenstand
den er *nicht* sehen will

oder den er gern *länger* sehen möchte
oder den er gern *haben* möchte
so daß der Gegenstand ein Gegenstand
seiner Schaulust
seines Willens
seines Unwillens wird
und er ihn *anschaut*
oder ihn *abwehrt*
oder ihn *haben* will:
und er kommt zu Bewußtsein –

Erst als der Angeklagte verurteilt wird
erkennen wir
daß der Verurteilte angeklagt war

Weil er in einem Hemd vergessen worden war, geriet
dieser Geldschein (BILD) in eine Waschmaschine.

Abbrechen mitten im Satz

Der letzte Satz des Märchenerzählers lautet gewöhn-
lich:

»Plötzlich, mitten im Bild, hörte der Pferdemaler zu
malen auf und erwürgte den Herrenreiter.«

Plötzlich, mitten im letzten Satz –

Unterscheidungen

»Dieses Geräusch kenne ich! Gerade ist jemand gestorben!«
– »Nein, es ist dir nur ein Heuschreck auf das Bett
gehüpft.«

Kaum fange ich an, die Augen zu öffnen – schon
fange ich an, Einzelheiten zu unterscheiden.

»Kennst du den Unterschied zwischen einer Schlange,
die über einen Jausenkorb kriecht, und einem Hoteldiener, der mit dem Zimmermädchen vor dem Haus
auf einem Hügel steht?« –
– »Dieses Geräusch kenne ich!« –
– »Nein, es ist nur eine Schlange über dein Bett gekrochen.«

»Viele schmutzige Handtücher liegen auf dem Boden.« –
– »Habe ich die Handtücher *wirklich* liegen sehen
oder habe ich nur den Satz gelesen: ›Viele schmutzige
Handtücher liegen auf dem Boden‹?« –
– »Ja, von den schmutzigen Handtüchern hast du nur
geträumt.«

Kaum fange ich an zu schauen – schon muß ich hier
und dort was erblicken: hier ein schmutziges Hand-

tuch auf dem Boden, dort einen Jausenkorb mit einem
Geschirrtuch darüber.

»Erinnerst du dich an das Geschirrtuch, mit dem du
nach dem Heuschreck geschlagen hast?« –
– »Das war der Hoteldiener.«

Kaum fange ich an, Einzelheiten zu unterscheiden –
schon muß ich mich erinnern.

»Früher schwang der Hoteldiener das *Geschirr*tuch,
jetzt aber liegt ein *Hand*tuch auf dem Boden!« –
– »Ja, du hast dir die Hände im Geschirrtuch abge-
trocknet.«

»Wie wird diese Bewegung genannt?« –
– »Wehen.« –
– »Also ist das, was sich da am Fenster bewegt, der
Wind?« –
– »Nein, ein Vorhang bewegt sich.« –
– »Nein, der Wind bewegt einen Vorhang.«

Kaum fange ich an zu reden – schon nehme ich eine
Tarnfarbe an und unterscheide mich nicht mehr von
der Umgebung.

»Dieser Strick dient nicht zum Erhängen, sondern als
Zahnseide.«

Kaum fange ich an zu unterscheiden – schon macht
mich das Unterscheiden eins mit meiner Umgebung.

»Wenn die Wilde Jagd kommt, legen wir uns auf einen Feldweg und bilden mit unseren Körpern ein Wagenrad.« –
– »Und wenn du allein bist?« –
– »Wenn ich allein bin, kommt keine Wilde Jagd.«

Kaum suche ich vergeblich nach einem Satz für etwas in der Umgebung – schon unterscheide ich mich schmerzhaft von der Umgebung.

»Kennst du den Unterschied zwischen jemandem, der in einiger Entfernung von dir in der Nacht mit einer Taschenlampe geht, und dem Heiligen Alexius unter der Stiege?« –
– »Diesen Anblick kenne ich! Jemand ist gerade gestorben!« –
– »Ja, du bist auf einen Pilz getreten, und der Pilz, beim Platzen hat er dich angestaubt.« –
– »Davon also sind die Handtücher schmutzig geworden!«

Kaum bin ich eins mit der Umgebung – schon fange ich wieder zu reden an und unterscheide mich.

»Ist es nicht der Tintenfisch, der eine Flüssigkeit ausscheidet, um sich unkenntlich zu machen?« –
– »Der Tintenfisch und seine Flüssigkeit sind ein Gemeinplatz!« –
– »Aber kennst du das Geräusch, das entsteht, wenn das Innere eines Krakens mit der Faust nach außen gerissen wird?« –
– »Ja, es lautet: KRÄCK!«

Kaum fange ich zu reden an – schon höre ich mich immer wieder: KRÄCK. KRÄCK.

»Kennst du das Geräusch, das entsteht, wenn die Schlange über den Picknickkorb kriecht?« –
– »Ja, es lautet: KRÄCK. KRÄCK!« –
– »Gerade ist jemand gestorben!« –
– »Ja, das Geräusch kenne ich.«

Kaum fange ich zu reden an – schon scheiden alle Gegenstände in meiner Umgebung eine Flüssigkeit ab, die mich unkenntlich macht.

»Wußtest du schon, warum Erhängte die Beine an sich ziehen?« –
– »Sie wollen ein Wagenrad bilden?« –
– »Nein, der Boden unter ihren Füßen ist voller Schlangen!«

Kaum höre ich zu reden auf – schon unterscheide ich im Vorhang und in den Handtüchern Löcher, die die Heuschrecken hineingefressen haben.

»Wußtest du schon, daß jemand, der erfährt, daß über den Jausenkorb, aus dem er gerade gegessen hat, eine Schlange gekrochen ist, vor Grausen sofort sterben muß?« –
– »Ja, das steht in dem Buch über die Wilde Jagd.«

»Ist dir die Melodie, die der Hoteldiener dem Zimmermädchen auf dem Hügel vor dem Haus vorsummt, ein Begriff?« –

– »Ja, aber mir fehlt das Wort dafür!« –
– »Es ist das Lied vom Heiligen Alexius unter der Stiege.«

Kaum höre ich niemanden mehr sprechen – schon übersetze ich mir heimlich die Gegenstände, die ich wahrnehme, in Worte, und kaum habe ich mir die Gegenstände übersetzt – schon sind sie mir ein Begriff.

»Dieses Geräusch kenne ich! Der Hoteldiener summt eine Melodie von Henry Mancini!« –
– »Nein, der Pilz, der dich anstaubt, heißt Bovist!«

Kaum habe ich angefangen zu schauen – schon ist aus dem Vorhang ein Anblick geworden.

»Weißt du, warum der Hoteldiener dem Zimmermädchen auf dem Hügel vor dem Haus eine Melodie von Henry Mancini vorsummt?« –
– »Ja, weil das Zimmermädchen Angst hat, in der Nacht auf einem Feldweg zu gehen.« –
– »Ja, das Wort ›taghell‹ bedeutet, daß es noch Nacht ist.«

Kaum habe ich Worte für das, was ich wahrnehme – schon erscheinen mir die Worte für dies und für jenes als Witz.

»Kennst du den Unterschied zwischen –?« –
– »Ja, der Unterschied ist ein Witz!« –

– »Ja, nur was in Sätzen, die sich gleichen, unterge-
bracht werden kann, unterscheidet sich.«

Kaum habe ich keinen Satz mehr für das, was ich
wahrnehme – schon erscheint mir dies und jenes, was
ich wahrnehme, als das äußerste AUSLAND, und kaum
fange ich wieder zu reden an – schon erscheint mir
jeder Satz als ein Traum von dem, was ich wahrnehme.

»Gerade ist jemand gestorben!« –
– »Ja, aber im Ausland.« –
– »Gerade wird da etwas von INNEN nach AUSSEN
gestülpt!« –
– »Ja, aber im Ausland.« –
– »Gerade macht da etwas KRÄCK!« –
– »Ja, aber weil wir davon reden können, ist es ein
Traum.«

Der trauernd Hinterbliebene auf dem Hügel

Modell für einen Traum

Ich (oder du?) stehe,
        grüble,
          betätige mich,
    sagen wir,
auf einem Hügel,
in einem Sterbezimmer,
     und
         schaue,
    geschweige denn
        kollere,
den Abhang hinauf, und
    hinunter –
        so entfernt, daß ich dir ähnlich bin.
Die Hinterbliebenen
    lachen, außer Sichtweite,
aber nichtsdestoweniger
    heulen sie,
        ich darunter nicht faul,
    kreischend,
wenn auch nicht sonderlich leidtragend,
    im zweiten Wind überrundet.
»Seitenstechen! Hügelketten, Hügelschnee.«
Ich bin nicht ganz so bei der Sache, wie ich möchte:
einerseits

                    stehe ich,
andrerseits
                    kollere ich,
          schwindlig von der Höhe,
          von der Leichenaussicht blaß,
den erwähnten Hügel, bzw. die Schmetterlingsan-
                                        sichtstafel
          hinab, herab, zu; *zu!*
»Dämmerung, und es staubt von Totenkopffaltern!«
Das Heruntergehen
              habe ich mir anders vorgestellt,
nicht so wortlos,
          sinnlicher,
nicht so reisefertig,
          heiterer.
Der Abhang tut den Ohren weh,
          vor Kälte sind sie dem Leichnam schon
                    abgefallen.
Das Sprechen verändert die Aussicht,
auch der Mond (der Lohnkellner) heißt jetzt anders:
»Vorübergehend«.
NACHTSTROM:
          das Licht fällt ungünstig ein:
wie ein Leidtragender
              zeige ich (als Leidtragender)
einem Vorübergehenden die Faust: die Fäuste: und
          Lügen und Meinungen
                    und spreche fließend, ohne Anlaß,
fließend.
»Nachtschattengewürze und der Fußboden in der
Volksschulklasse.«

142

Das Gras,
      mit anderen Worten,
der Eisenofen,
      alles geht über die Ufer – die Sätze, das Ein-
                          maleins
      – in Worten ausgedrückt,
          in Sätzen ausgepreßt,
Schwammschlachten.
      Heiter, wie gesagt,
(was eigentlich eins wie das andre nicht stimmt)
         sitze ich
      auf einem Hügel (dem »Hügel«, auf »dem«)
         und betrachte,
         Sätze ausquetschend, die Umgebung
         zu Sätzen ausgequetscht, zu Sätzen
         ausgequetscht selber,
      mit einem lachenden: einem lachenden Auge
         schnüffelnd,
         triefend vom Sprechen,
den Rückzug der Trauernden, die in den Bach hinein-
                          fielen,
      Zitronen,
für die sich die Worte GESTALTEN, MAIKÄFER, BRUNN
                      AM GEBIRGE
      aufdrängen, aufdrängten.
         Ich befinde mich . . . Sturmbarometer;
         es
      räuspert sich der Schnee:
         ich höre:
»Zwingend vorgeschrieben:
      Jausenpakete für Gehende, Verschnaufpausen

für Sterbebettendarsteller, Bindegliedentzün-
dungen für sämtliche Fragen und Antworten;
verschwitzt das Reden, verschwitzt sich selber,
          schmerztreibend der
Nebel im Tal,
          aus dem Schwitzkasten fällt eine
          Leiche.«
SCHAU, da kommt Herr August Hitler:
»Ein unruhiges Kind, hat schon im Kindergarten die
          Ziegen
               mit Steinen beworfen!«
Und die Gruppe, die
          ich nicht umhin kann zu sehen,
     ist ein Haufen von Menschen und/oder Stei-
                                        nen.
»Ich kann nicht umhin zu weinen,«
          antwortet, sich zierend, ein Trauergast.
»Ich . . .« (Ende des Zitats)
Der Verstorbene . . .
          wird sich der Schlaglöcher erbarmen:
          ist, springlebendig, in eine Pfütze getreten –
trat ein –
          erinnerungssüchtig,
und jetzt das Loch im Eis!
Und jetzt der Eiswürfel auf dem Hals, auf der Hals-
                                        schlagader –
und jetzt . . . . ich zittere:
Sophie ist eiskalt und
          blutet nicht mehr,
               ich schreibe den
          15. Mai.

Sterbetage, Weinlese: »Es ist angerichtet!«
                    Wir schreiben einen Film mit
          Ketchup:
Bette Davis wird tot sein, ihr Vorgänger war ein Eis-
                                          mann,
          jetzt geht er den
Hügel auf und ab:
                    ich bin es, kein Zweifel, kein Augen-
                                          zudrücken,
kein Stammgast,
kein Schrebergartenmörder –
          ein Lebemann, jetzt geht er den Hügel hinauf
und hinunter.
Schnittlauch! Zum ersten Mal
                    verwende ich dieses Wort – »Schnitt-
lauch! Zum ersten Mal verwende ich dieses Wort!«:
                    – Diesen Satz verwende ich
zum ersten Mal.
                    Maßstabgerecht sitze ich,
                              nein, streune ich,
wie es früher der
          jetzt Tote tat,
wenn er, den Rucksack voll von
                    weder Schnee noch Reisig noch leeren Schach-
                                          teln,
          noch Steinen, *und* Steinen,
die Schaufel in den Schnee warf,
                    besser gesagt, das Reisig auf die Schaufel
                                          nahm und –
ja, wohin mit den leeren Schachteln? – »Ertrunken
                              in Vanille.«

                                          145

                    Und ich
wälze
          die Steine
auf die andere Seite (wo ich schon liege) – den Fuß
                                        verknackst
          im trockenen Reisig, schon brennen die
                                        Kühe –
          Zaungäste, wohin ich schaue,
          Weinhügel, wohin ich komme,
          Streusiedlungen, wenn ich nach dem Zucker
          suche:
                    – und wohin mit der Leiche?
                    Wohin mit der Leiche?
Das Wort »Meyerbeer« hat eine Ähnlichkeit mit
einem Fernsichthügel bei klarem Wetter, in dem ein,
          – *unser!* –
Toter steckt, ein Grundbesitzer, eine Stifterfigur am
          Naumburger Dom.
Schattenrisse, Schattenrisse, Schattenrisse, wann auch
          immer ich den Mund auftue.
Bei Sonnenuntergang wirft das Nebelhorn lange
                                        Schatten.
Hör doch: das ist der Hund von Baskerville! Er
          schnappt nach einer spanischen Fliege,
und der Hügel, auf dem ich stehengeblieben war,
          eingewachsene Steine aus den mittlerweile er-
                              wachsenen Ziegen reißend,
          heißt im Volksmund
                    Totenbauch,
– so lau ist hier die Nacht.
          Ruhig, unruhig; unruhig, ruhig.

Eine Bewegung von flatternden Ameisen – und es
klatscht!
Ein Schilf, das man auch Schattenriß nennen könnte!
Ein Leichentuch, das im Volksmund Schneeblindheit
heißt!

Ja, ja, Dunkel ist keine Farbe,
sondern
ein Laufen, und Springen, und über den Hackklotz
Stolpern.

Und wenn die Kinder zu reden anfangen, und
nicht nur die Kinder, wird es hell, das Atmen wird
selbstverständlich.

(Der Tote ist gut ausgefallen, liegt in der Zugluft, die
Kälte wird am Rhesusfaktor gemessen, und wenn es
im Zimmer finster wird, fließt Blut aus den Nasen-
löchern).

»So sag doch was.«
Ich höre: ich sah:
Farbe ist nicht das Autokennzeichen mit 2 Buchstaben,
»ch« ist nicht 1 Buchstabe,
sondern
eine Suppe voll:
Mehlwürmern / Rotz / Maul- und Klauen-
seuche / »räudigen äthiopischen Leibwächtern«; das
heißt:
Laufen und Springen gilt nicht,
sooft wir über Mehlwürmer gehen –
Und ich!
Und der Hügel!
Und ichel!
Und der Hüg!

Und der Hügel!
        Und ich!
Und der König.
        Und ich.
                Und da ich lebe,
        habe ich es besser:
als nichts –
                und .da *du* fragtest (oder ich *denke*):
»Ist Sterben ist nichts ist leichter als das?«
                und *ich* sagte (oder du *dachtest*):
»Schöner als nichts kann sein etwas das nicht sein
                kann«
        so
bleiben wir bei dem Wort (bleiben wir bei dem Satz)
        bleiben wir
bis zu den Ohren
        in einem Hügel (in dem »Hügel«, in »dem« –),
besichtigend
        wie ein Feldherr
                Trauerzüge, die quer über den Abhang
        wandern,
Schaufeln voll Reisig ins Grab hineinschmeißend;
                Fußballschützenkönige, Trauergäste
        steinigend,
sich in ewige Bestenlisten eintragend,
                immer das eine Knie, Totenknie, vor
        das andere . . . setzend,
und
        seufzend
: oder/und
                ich; du; dort; DAMALS;

                wo ich, nein, ALS ich,
                        nein, als ich DICH,
nein, wo wir IHN
                – den Leichnam –
zähneknirschend
                – im Kies –
an den Ohren ins Tal hinabschleiften,
        (was sage ich; was sagte ich?)
immer das eine Bein vor das andere … setzend, und
        seufzend (nicht umgekehrt)
                – Schlamm! –
und die Schatten rissen
        auseinander, – »Auseinander! Auseinander!
                                Platz da!« –
starrsinnig wie nur ein Toter,
                das Kinn hinaufgebunden, – »und so
        schwer!«
verkleidet als Toter, mit Mumps – »ein Kind mit
                        Mumps war gestorben,
        rund ums Gesicht das zum Schreien verknotete
                Kopftuch der Mutter rund ums Ge-
                                sicht« –
und das Panorama, der Gänsemarsch, und die ver-
hungerten Socken in den Feiertagsschuhen!,
        bevor: nachdem:
                ich
        wenn: sooft:
                du
        wo:
                wir und sie alle
saßen und gehen werden,

gehengehen: uns wundgehen werden,
     Flitterwöchner am Sterben,
   Hinterbliebene,
Lebendgewichte
   auf einen Hügel,
     für den kein Wort gut genug ist,
   und kein Tod zu artig,
   und kein Ruck zu plötzlich,
   und keine Minute zu früh,
   und kein Schlaf zu
     ruhig,
               unruhig,
unruhig,
     ruhig.

    »Ru .... hig«.
    »Ru .... hig«.
»Ru .... hig«.

Inhalt

Die ersten Fassungen einiger Texte sind bereits in literarischen Zeitschriften wie »manuskripte« usw. veröffentlicht worden. Für den Druck in diesem Buch wurden jedoch diese Texte zum Großteil umgearbeitet.

Peter Handke
Sein Werk im Suhrkamp Verlag

25/1/10.96

Peter Handke
Sein Werk im Suhrkamp Verlag

Sommerlicher Nachtrag zu einer winterlichen Reise. Broschur

Das Spiel vom Fragen oder Die Reise zum sonoren Land. Engl. Broschur

Stücke 1. st 43

Die Stunde da wir nichts voneinander wußten. Ein Schauspiel. Engl. Broschur und BS 1173

Die Stunde der wahren Empfindung. Leinen, BS 773 und st 452

Theaterstücke in einem Band. Leinen

Über die Dörfer. Dramatisches Gedicht. Engl. Broschur und st 1072

Die Unvernünftigen sterben aus. st 168

Versuch über den geglückten Tag. Ein Wintertagtraum. Leinen und st 2282

Versuch über die Jukebox. Erzählung. Leinen und st 2208

Versuch über die Müdigkeit. Leinen und st 2146

Die Wiederholung. Leinen, BS 1001 und st 1834

Wind und Meer. Vier Hörspiele. es 431

Eine winterliche Reise zu den Flüssen Donau, Save, Morawa und Drina oder Gerechtigkeit für Serbien. Kartoniert

Wunschloses Unglück. Erzählung. BS 834 und st 146

Zurüstungen für die Unsterblichkeit. Ein Königsdrama. Engl. Broschur

Übersetzungen

Aischylos: Prometheus, Gefesselt. Übertragen von Peter Handke. Broschiert

Nicolas Born: Gedichte. Auswahl und Nachwort von Peter Handke. BS 1042

Emmanuel Bove: Armand. Roman. Aus dem Französischen von Peter Handke. st 2167

– Bécon-les-Bruyères. Eine Vorstadt. Aus dem Französischen von Peter Handke. BS 872

– Meine Freunde. Aus dem Französischen von Peter Handke. BS 744

Patrick Modiano: Eine Jugend. Aus dem Französischen von Peter Handke. BS 995

Walker Percy: Der Idiot des Südens. Roman. Deutsch von Peter Handke. Gebunden

– Der Kinogeher. Roman. Deutsch von Peter Handke. BS 903

Francis Ponge: Das Notizbuch vom Kiefernwald und La Mounine. Aus dem Französischen von Peter Handke. BS 774

William Shakespeare: Das Wintermärchen. Deutsch von Peter Handke. Gebunden

25/2/10.96

Peter Handke
Sein Werk im Suhrkamp Verlag

Editionen, Vorworte und Nachworte
  Ödön von Horváth: Geschichten aus dem Wiener Wald. Volksstück in
  drei Teilen mit einer Nacherzählung von Peter Handke. BS 247

Zu Peter Handke
Aber ich lebe nur von den Zwischenräumen. Ein Gespräch, geführt
  von Herbert Gamper. st 1717
Peter Handke. Herausgegeben von Raimund Fellinger. stm. st 2004
Adolf Haslinger: Peter Handke. Jugend eines Schriftstellers. Mit zahlrei-
  chen Abbildungen. st 2470

25/3/10.96

Deutschsprachige Literatur
in der edition suhrkamp:
Essays, Reden, Briefe, Tagebücher

Deutschsprachige Literatur
in der edition suhrkamp:
Essays, Reden, Briefe, Tagebücher

Habermas, Jürgen: Die Normalität einer Berliner Republik. Kleine politische Schriften VIII. es 1967

Henrich, Dieter: Eine Republik Deutschland. Reflexionen auf dem Weg aus der deutschen Teilung. es 1658

Johnson, Uwe: Begleitumstände. Frankfurter Vorlesungen. es 1820 und es 3322

Krechel, Ursula: Mit dem Körper des Vaters spielen. Essays. es 1716

Lenz, Hermann: Leben und Schreiben. Frankfurter Vorlesungen. es 1425

Löwenthal, Leo: Mitmachen wollte ich nie. Ein autobiographisches Gespräch mit Helmut Dubiel. es 1014

Mayer, Hans: Gelebte Literatur. Frankfurter Vorlesungen. es 1427

Mitscherlich, Alexander: Die Unwirtlichkeit unserer Städte. Anstiftung zum Unfrieden. es 123

Morshäuser, Bodo: Warten auf den Führer. es 1879

Muschg, Adolf: Herr, was fehlt Euch? Zusprüche und Nachreden aus dem Sprechzimmer des heiligen Grals. es 1900

– Literatur als Therapie? Ein Exkurs über das Heilsame und das Unheilbare. es 1065

Ein Pronomen ist verhaftet worden. Die frühen Jahre in Rumänien – Texte der Aktionsgruppe Banat. Herausgegeben von Ernest Wichner. es 1671

Rühmkorf, Peter: agar agar – zaurzaurim. Zur Naturgeschichte des Reims und der menschlichen Anklangsnerven. Textillustrationen vom Autor. es 1307

Schindel, Robert: Gott schütze uns vor den guten Menschen. Jüdisches Gedächtnis – Auskunftsbüro der Angst. es 1958

Sloterdijk, Peter: Versprechen auf Deutsch. Rede über das eigene Land. es 1631

– Zur Welt kommen – Zur Sprache kommen. Frankfurter Vorlesungen. es 1505

Stichworte zur ›Geistigen Situation der Zeit‹. 2 Bde. 1. Band: Nation und Republik. 2. Band: Politik und Kultur. Herausgegeben von Jürgen Habermas. es 1000

Vor der Jahrtausendwende: Berichte zur Lage der Zukunft. 2 Bände. Herausgegeben von Peter Sloterdijk. es 1550

Walser, Martin: Heimatkunde. Aufsätze und Reden. es 3315

– Über Deutschland reden. es 1553

– Wie und wovon handelt Literatur. Aufsätze und Reden. es 642

Deutschsprachige Literatur
in der edition suhrkamp:
Essays, Reden, Briefe, Tagebücher

303/3/12.96